PARNELL

DU MÊME AUTEUR

LES INCONSÉQUENCES DE JOHN BULL, (Paris, Haton) in-18. 3 fr. 00

LES CYNIQUES, (Paris, Savine) in-12. 3 fr. 50

O'CONNELL, SA VIE, SON ŒUVRE, (Paris, Savine) fort vol. in-16. 3 fr. 50

Cet ouvrage a été déposé en juillet 1892.

Imprimerie Générale de Châtillon-sur-Seine. — PICHAT ET PEPIN.

PARNELL

LA BATAILLE DU HOME RULE

L. NEMOURS GODRÉ

PARNELL

SA VIE ET SA FIN

PARIS
P. LETHIELLEUX, LIBRAIRE-ÉDITEUR
10, RUE CASSETTE, 10

1892

PRÉFACE

Je voudrais, dans ce travail, raconter fidèlement la vie et la prodigieuse carrière de Parnell; je voudrais bien saisir et bien rendre pour le lecteur la remarquable et tragique figure de celui qu'après O'Connell on a justement appelé « le roi sans couronne » de l'Irlande.

Parnell est monté sur l'horizon de la politique anglaise comme un astre. Il en est tombé comme un météore. Sa course vers le succès, l'influence, la gloire, ne peut se comparer qu'à la course du soleil. Elle en a eu la régularité, l'éclat, la grandeur. Sa chute a eu la soudaineté d'une catastrophe dont amis et ennemis sont encore étonnés.

Si, pour parler avec justice et sincérité d'un homme qui a joué, hier même, un grand rôle, il fallait l'avoir souvent approché et avoir ainsi plus ou moins pénétré et connu les motifs secrets ou les mobiles avoués qui l'ont fait agir, je déclinerais la tâche de parler du chef mort de la vivante cause de l'Irlande. Mes relations avec le chef du *Home Rule* ont été ce qu'il y a de plus accidentel. Comme je le raconte dans ces pages, je ne l'ai vu qu'une fois en passant, lors d'une visite qu'il faisait à Paris. Une autre fois, après son grand procès contre le *Times*, je lui adressai, avec mes félicitations sur sa victoire, un volume sur *O'Connell*. Il me répondit par un cordial billet de remerciements que j'ai conservé comme une curiosité. Il est écrit à « la machine ». On sait que Parnell, quoique détestant encore plus l'écriture que l'éloquence où il était néanmoins obligé de s'embarquer comme un chien qu'on fouette, avait été atteint de la crampe des écrivains. Et c'était au ras de la dernière ligne imprimée, à toucher la formule de politesse et de salutation que la signature « crampée » sur laquelle les experts du *Times* discutèrent si longtemps, s'allongeait d'une écriture hésitante et comme pressée néanmoins d'en finir. Cela en dit long sur la prudence et la prévoyance de Parnell que longtemps, paraît-il, avant son procès, il eût adopté cette manière de signer.

Mais si j'ai peu connu Parnell, j'ai la joie d'ajouter que je l'ai aimé et soutenu à une époque où certes ce n'était pas la mode en France de le louer ni de le défendre. Je voyais en lui l'homme qui avait ressaisi le drapeau tombé des mains mourantes d'O'Connell, et qui, comme le grand tribun catholique, voulait assurer à ses compatriotes la liberté politique avec la liberté religieuse. A ses côtés et derrière lui j'apercevais un noble peuple, l'héroïque et fidèle clergé d'Irlande unis dans une commune confiance, une commune affection, et cela me tranquillisait sur le tapage des journaux et des politiciens de Londres. L'œuvre répondait suffisamment de l'ouvrier.

C'est assez dire qu'on ne doit pas s'attendre à trouver dans ce volume le ton et l'accent d'un ennemi. Je peux même ajouter que mon travail entrepris avec appréhension ne se termine pas sans tristesse. On ne se détourne pas avec indifférence du cercueil d'un homme en qui on avait aimé le représentant d'une belle cause, qu'on avait jugé digne de grandes destinées, qui les a longtemps méritées et qui, fût-ce par sa propre faute, a misérablement fini.

Pauvre Parnell ! On n'aura jamais vu un homme poursuivre plus aveuglément, plus obstinément l'œuvre de sa propre ruine. L'Irlande lui devait tant ; il y était si aimé que le moindre sacrifice d'amour-propre de sa part, après sa fâcheuse aventure, y eût réjoui tous les cœurs. L'avenir se fût chargé du reste.

Il a préféré d'autres voies. Lui, le politique délié et perspicace, le tacticien incomparable, le chef de parti prudent et froid, il sembla avoir perdu ses rares dons depuis le jour de sa révolte. On le vit manquer à la fois de tout sang-froid, de toute mesure, de toute justice et de tout bon sens. Il eut des accès de colère folle. Il commit d'irréparables maladresses. Et il s'achemina d'un pas déterminé vers la catastrophe que tout le monde, sauf lui, prévoyait clairement. L'envahissement maladif et exaspéré du *moi* avait obscurci cette superbe intelligence.

Parnell a laissé des amis que rien n'a pu détacher de lui. J'en ai rencontré. Je dois dire qu'ils n'expliquent point par un subit accès d'égoïsme le furieux défi qu'au nom de « sa fraction » parlementaire il jeta à la tête de Gladstone, du parti libéral anglais, de son propre parti et de l'Irlande elle-même. « A son idée, disent-ils, lui seul qui avait pu créer le mouvement et le parti du *Home Rule*, pouvait conduire son peuple dans la *Terre Promise* ». Ce n'est pas une présomption rare chez les hommes qui ont joué un rôle que de croire ce rôle indispensable et que de vouloir le jouer toujours.

Je comprends autrement la justice qu'on doit à Parnell. Il a eu l'honneur et la gloire de faire la force et l'irrésistible unité de la nation irlandaise. Puis, quand son œuvre à peu près finie, il a vu son prestige sombrer dans une misérable catastrophe judiciaire suivie d'une triste querelle avec ses amis, ses alliés de la veille ; quand plutôt que de céder son poste de commandement, il a voulu tout entraîner dans sa ruine, il est arrivé une chose qui l'a étonné d'abord, puis exaspéré. Son œuvre s'est trouvée de construction tellement solide qu'elle a résisté à ses efforts.

Et alors nous avons assisté à un spectacle inattendu. Parnell qui avait en cent rencontres exalté le patriotisme du clergé d'Irlande, qui s'était fait au Parlement l'intrépide avocat de ses justes revendications, a tout d'un coup découvert et proclamé que ce clergé trompait le peuple et abandonnait sa cause.

Il avait de même dit et répété que l'alliance du parti libéral anglais couronnait heureusement sa politique, que là était, pour la cause du *Home Rule*, le gage assuré de la victoire. Et dès qu'au nom de M. Gladstone et dans l'intérêt de sa cause on lui demanda de renoncer à la direction du parti irlandais, il s'écria que les libéraux anglais et leur chef étaient de perfides ennemis de l'Irlande, qu'il ne fallait pas compter sur leur alliance, que leurs promesses étaient menteuses et leurs intentions sinistres.

Enfin il avait prononcé mille discours pour établir que l'Irlande était mûre pour l'indépendance, qu'elle était capable de se gouverner elle-même, et, du jour au lendemain, d'après lui, elle devait apparaître comme incapable même de choisir son chef... puisqu'elle refusait de lui obéir.

Il n'y a donc plus de milieu. Entre Parnell et l'Irlande représentée par son noble et intrépide clergé, par la majorité de ses représentants, par ses électeurs, il faut choisir : — je ne choisis point Parnell. *Amicus Parnell. Magis amica Hibernia !* Ses amis, je le sais, ne posent pas ainsi la question — Mais il n'est pas juste, à notre avis, de la poser autrement.

Je n'ignore point les accusations passionnées que Parnell a lancées contre ses anciens lieutenants, contre le gros de son parti. Je ne jure pas non plus que la politique du libéralisme anglais tiendra toutes ses promesses.

Mais je suis obligé de constater que, comme au temps de l'alliance contractée avec Parnell, les chefs des libéraux anglais mettent le *Home Rule* en tête de leur programme. Comme naguère ils s'engagent à voter une loi conforme au programme du parti irlandais. M. Gladstone est l'homme sur qui reposent en ce moment les espérances de l'Irlande avec la politique du parti libéral anglais, et M. Gladstone est mortel sans doute. Néanmoins il a trop engagé ses amis et ses lieutenants pour qu'ils puissent reculer sans déshonneur. — Du reste l'Irlande, elle, ne reculerait pas. Elle connaît le secret de sa force. Elle continuerait sa marche vers le but auquel on l'avait déjà vue toucher, dont on ne peut plus l'écarter, ni toujours, ni même bien longtemps.

Je suis aussi obligé de constater que, comme au temps de Parnell, le parti nationaliste irlandais, tout en comptant sur l'alliance de M. Gladstone et du parti libéral anglais, maintient intact le programme du *Home Rule* et se proclame résolu à le défendre.

Je ne connais aucun des anciens lieutenants de Parnell, ou du moins je ne connais d'eux que leurs discours, leurs écrits et leurs actes. Je suis donc bien placé pour les juger en toute équité. J'entends dire par les Parnellistes qu'ils sont dévorés de jalousie, d'ambition et qu'ils rêvent tous de monter au premier rang. Et jusqu'ici je n'en vois aucun qui ait manqué à la discipline du parti. Parmi eux il y a des hommes remarquablement et diversement doués, et ils se sont rangés tous autour de M. Justin Mac Carthy, leur ancien vice-président, dont l'âge, le mérite, la prudence et la courtoisie inspirent toute confiance à ses compatriotes. Il est le président constitutionnel qui succède au président dictateur, et sa direction semble inaugurer pour l'Irlande un heureux apprentissage du *Home Rule*. On lui sait gré de ne pas tenir toute la scène à lui tout seul, de nous laisser voir le beau travail de dévouement, de concorde et de confiance qu'accomplit le patriotisme irlandais. Le temps n'est plus de courir aux rudes batailles de l'obstructionnisme, mais de préparer et d'organiser pour toujours les résultats de la victoire.

Car sur ce point comme sur d'autres points d'ailleurs, je fais très volontiers écho à une voix éloquente et généreuse, celle de Miss Maud Gonne, la noble patriote irlandaise, qui est venue plaider en France la cause de son pays. La querelle engagée aujourd'hui entre la majorité du parti nationaliste et la minorité parnelliste n'est, d'après miss Gonne, qu'un *épisode* dans l'histoire de l'Irlande.

Le mot mérite de frapper par sa justesse. *Épisode*, dit le dictionnaire, *action incidente greffée sur l'action générale et destinée à y jeter du mouvement.*

Je n'irai certes pas jusqu'à prétendre que la minorité parnelliste ait voulu seulement jeter un peu plus de « mouvement » dans l'agitation du *Home Rule*. La manœuvre qu'elle a tentée pouvait tuer l'agitation nationaliste. Mais elle n'a servi qu'à en montrer la force et la régularité. — Elle a été un épisode dont il ne restera plus grand souvenir sans doute après les élections générales. L'Irlande n'aura pas suspendu un instant sa marche héroïque vers l'indépendance. Elle a sur toute chose besoin de concorde et d'union entre tous ses enfants. Et, à la tâche où Parnell, ce géant, a succombé, sa cohorte sans chef succombera aussi.

PARNELL

CHAPITRE I.

La frégate *la Constitution* et le commodore Stewart. — L'aïeul maternel de Parnell. — Origine anglaise des Parnell. — A Avondale. — Les histoires du portier Gaffney. — Éducation anglaise de Parnell. — Son voyage aux États-Unis. — Un désappointement de cœur. — Début dans la politique. — Le « candidat tampon ». — Le capitaine de « *Cricket* ».

Les annales maritimes des États-Unis conservent avec orgueil le nom de *la Constitution*. Cette frégate a, en effet, une belle histoire. En 1812, sous le commandement du capitaine Hull, elle fut surprise au large paru ne escadre anglaise, composée de *l'Africa*, vaisseau de soixante quatre canons, et de quatre frégates, *la Guerrière, le Belvidera, le Shannon* et *l'Eolus*. C'était alors le temps de la navigation à voile. Il faisait un calme mortel. *La Constitution* devait être prise ou coulée bas. Le génie inventif d'un de ses officiers la sauva. Cet officier, le lieutenant Morris, inventa, fabriqua et employa sur l'heure trois immenses *parapluies* de vingt cinq mètres de diamètre. Les *parapluies*, je ne trouve pas d'autre mot, étaient formés de toile à voile, assujettie à des tringles, et munis d'un vaste manche. On les transporta sur des canots au devant du navire, à une bonne distance, et on les immergea non sans les avoir reliés au navire par un câble que l'équipage vira au cabestan. Grâce à la résistance que l'eau opposait aux appareils, *la Constitution* s'ébranla lentement. La manœuvre, que les Anglais considéraient avec stupéfaction, fut répétée autant de fois qu'il était nécessaire, et quand la brise se leva, *la Constitution* était hors d'atteinte et défiait toute poursuite. Peu de temps après, dans une rencontre moins inégale, elle capturait *la Guerrière*. Enfin en 1815, nous retrouvons *la Constitution* sous le commandement du commodore Stewart. Le commodore Stewart venait de se marier. On rapporte qu'au moment de s'embarquer, il demanda à sa femme ce qu'il pourrait bien lui rapporter pour lui faire plaisir : « Une frégate anglaise », répondit-elle.

Le galant commodore tint sa parole et au delà. Il captura deux navires anglais, *le Cyan* et *le Levant* [1].

Le commodore Stewart devait être le grand-père de Charles Stewart Parnell, notre héros. Il eut une fille qui, rencontrée par un gentleman irlandais en voyage aux États-Unis, et nommé John Henry Parnell, lui agréa. Le mariage eut lieu à New-York même.

Cette descendance américaine suffirait au besoin à expliquer le rôle de Parnell, et l'indomptable audace avec laquelle il monta à « l'abordage » du Parlement anglais. Du reste, même au physique, il tenait de son aïeul le commodore, dont la brochure de M. O'Connor reproduit ce portrait à la plume :

« Le commodore Stewart était d'une taille d'environ cinq pieds neuf pouces, au port digne et engageant. Il avait le teint frais, les

1. O'Connor, *Life of Charles Stewart Parnell.*

cheveux châtains, les yeux bleus, grands, pénétrants et intelligents. Il avait le type romain; hardi, vigoureux et impérieux, la tête finement découpée. Son empire sur ses passions était vraiment prodigieux, et au milieu des circonstances les plus irritantes, le plus vieux de ses matelots ne vit jamais ses yeux lancer un éclair de colère. Son affabilité, sa bienveillance, son humanité étaient proverbiales, mais chez lui le sentiment de la justice et les exigences du devoir étaient aussi inflexibles que le destin. Dans les moments les plus critiques, les plus dangereux, il avait autant de sang-froid et de promptitude de jugement, que de dédain du danger. Son esprit était à la fois fin et puissant ; il embrassait les sujets les plus grands, comme les plus petits, avec l'intuition magistrale du génie ».

Tous ceux qui ont connu Parnell, peuvent témoigner qu'à part deux détails physiques, ce portrait du commodore est aussi celui de son petit-fils.

L'ex-chef du parti du *Home Rule*, au lieu d'un teint frais, avait un teint d'une pâleur de cire. Ses yeux n'étaient pas bleus mais bruns, et la couleur claire des cheveux blonds en faisait étrangement ressortir le sombre feu quand il s'animait.

Du côté de son père, Parnell n'avait point non plus hérité de sentiments très favorables à la domination britannique. Les Parnell étaient pourtant de pure origine anglaise. Ils venaient d'une vieille famille du Cheshire (Angleterre). Mais comme un certain nombre de familles anglaises, établies depuis longtemps en Irlande, ils étaient devenus, selon le vieux dicton populaire, plus Irlandais que les Irlandais eux-mêmes, *Hibernis ipsis Hiberniores.*

Au fameux Parlement national de 1782, c'est un Parnell (sir John Parnell) qui se montre un des champions les plus ardents des droits nationaux contre la politique de Pitt et de Castlereagh. Il était chancelier de l'Echiquier, et son opposition gênait fort le gouvernement anglais. La corruption et l'intimidation n'ayant pu le convertir à la politique de l'union, lord Castlereagh le révoqua.

Un autre Parnell (sir Henry Parnell) fut au Parlement anglais un avocat résolu de l'émancipation catholique. Son frère William, grand-père de M. Charles Stewart Parnell, a publié un ouvrage en faveur de cette réforme.

C'en est assez, on le voit, pour établir que, par toutes ses traditions de famille, Parnell était préparé à son rôle d'émancipateur.

Lui-même a dit combien ses souvenirs d'enfance avaient contribué à faire de lui l'adversaire déterminé du régime anglais en Irlande.

Le comté de Wicklow où était le siège de sa famille avait été le théâtre de quelques-unes des scènes les plus terribles de la sanglante répression de 1798. M. O'Connor a entendu de la bouche de Parnell lui-même, le récit d'un de ces souvenirs. Il y avait à Avondale, la résidence des Parnell au temps de son enfance, un portier du nom de Hugh Gaffney, qui avait traversé les terribles jours de la grande Boucherie ; il avait assisté à d'horribles spectacles ; il les racontait volontiers. C'était de lui que Parnell tenait celui-ci.

« Un Irlandais avait été pris par les troupes anglaises aux environs d'Avondale. Il fut condamné à être fouetté « jusqu'à mort » au bout d'une charrette. Le colonel Yeo qui commandait là, se chargea d'interpréter cruellement une condamnation si cruelle, cependant, par elle-même. Il ordonna que l'homme fût attaché par le dos au bout de la charrette, et, par conséquent, fouetté sur le ventre. Gaffney vit donc le rebelle fouetté de la sorte, depuis le moulin d'Avondale jusqu'à Rathdrum, la ville prochaine. La victime, au milieu de ces tortures, ne cessait de crier : « Colonel Yeo ! colonel Yeo ! » et suppliait qu'on lui accordât un répit. A ses supplications qui auraient ému un tigre, le colonel Yeo ne répondait que par de sauvages paroles. L'homme tomba enfin et ses entrailles se répandirent sur le sol ».

Quand on avait entendu Parnell raconter cette histoire avec son impassibilité ordinaire, on pouvait, comme M. O'Connor, trouver dans de pareils souvenirs d'enfance l'explication du rôle qu'a joué le chef du parti irlandais.

L'humble portier d'Avondale fut peut-être le maître précoce dont les récits allumèrent dans l'âme du jeune *country gentleman*, la flamme dont il devait toujours brûler contre les maîtres de l'Irlande. Et cependant l'Angleterre était bien le pays auquel Parnell tenait par le plus de liens. On a vu qu'il était anglais par son sang saxon auquel sa mère avait ajouté un peu de sang américain. Son nom était anglais, comme sa religion, comme son éducation, comme sa naissance, car, contrairement à l'opinion commune, il n'était pas né à Avondale, mais à Brighton, où il est venu mourir. Du moins, lui-même le disait volontiers « sans en être très sûr », ajoutait-il. Ce qui était très sûr, c'est qu'il était né en juin 1846.

A six ans, le futur chef du parti du *Home Rule* fut placé dans une école du Somersetshire (Angleterre); il n'en sortit que pour continuer son éducation, d'abord dans le comté de Derby, puis dans le comté d'Oxford. Enfin c'est à l'Université de Cambridge que, comme son père, il finit ses études. Il ne paraît pas qu'il ait laissé derrière lui à l'Université, la réputation d'un bon élève. Les exercices de sport l'intéressaient plus que les belles-lettres.

De la sortie de Cambridge aux élections générales de 1874, on peut dire que Parnell n'a pas d'histoire. Au physique c'est un aristocrate anglais; il en a l'attitude, le langage et la complète apparence. Au moral, c'est un homme qui n'a pas trouvé sa voie et qui ne la cherche même pas. Alors que sa mère établie à Dublin et sa sœur Fanny Parnell, morte aujourd'hui, sont à ce point favorables au mouvement nationaliste que leur maison sert parfois de refuge à des fénians traqués par la police anglaise, lui mène la vie ordinaire d'un *landlord* irlandais. Il habite ses terres, il fait partie, comme officier, de la milice de son comté, et joue beaucoup au *cricket*, car il est capitaine des *Wicklow eleven* (les onze de Wicklow) [1]. A cette époque de sa vie, Parnell se trouva mêlé comme fils et frère de landlords, à des scènes d'éviction, à des affaires de bail où le tenancier renonçait par contrat au bénéfice de la loi agraire de M. Gladstone (1870). Les journaux anglais n'ont pas manqué, plus tard, d'exhumer ces vieux souvenirs, pour saper la popularité de Parnell. Mais cette guerre de petits papiers ne produisit aucun résultat appréciable. Qui sait même si ces attaques ne lui rendirent pas service. Elles prouvaient,

1. On sait que le *cricket* est par excellence le jeu national anglais. Il se joue entre deux « camps » avec des balles, des piquets, des « bats ». Il n'est guère d'université, de collège, de ville, de comté, qui n'ait son groupe ou ses groupes de joueurs d'élite, toujours prêts à proposer ou à accepter des *matches* (tournois), contre tout groupe voisin ou éloigné. Certains de ces tournois sont annuels et constituent en Angleterre de véritables événements. Tout le monde s'y intéresse, et les journaux en entretiennent leurs lecteurs.

après tout, que, par sa naissance, son éducation, comme par sa religion, il semblait destiné au camp ennemi, et qu'il avait fait quelque chemin pour prendre place à la tête du mouvement national.

Entre sa majorité et son entrée dans la politique, qui eut lieu vers les vingt huit ans, Parnell fit un voyage aux États-Unis. Comme son père, il rencontra une américaine dont il s'éprit. Mais à la différence de son père, il ne sortit pas victorieux de l'aventure.

Le *match*, comme on dit à Londres et à New-York, manqua parce que la jeune personne suivit une inclination plus forte. Il paraît que le coup fut sensible à Parnell. Il a longtemps joui de la réputation d'un homme qui menait non seulement une vie irréprochable, mais qui encore se montrait d'une sauvagerie excessive et professait le plus grand éloignement pour les conversations légères et les réunions de plaisir. Dès lors, il n'a pas été difficile aux amateurs de problèmes psychologiques, de soutenir que ceci venait de cela, que l'inclination malheureuse avait dégoûté le chef irlandais de la vie de tout le monde, et que ce long isolement moral l'avait mal armé contre de périlleuses et à peu près uniques intimités.

Mais avant d'en venir à la chute de l'homme que fut Parnell, il nous faut raconter son ascension vers la renommée, vers le pouvoir, car ce n'est pas sans motif qu'on l'a appelé « le roi sans couronne de l'Irlande ». On sait d'ailleurs que cette ascension fut rapide.

Ce fut en 1874 que Parnell, ayant pris tout le temps de choisir, se décida pour la politique. On était en pleines élections générales. Parnell se mit sur les rangs pour le siège de Wicklow, le comté où il résidait. Sa candidature acceptée par le parti nationaliste n'eut malheureusement pas de lendemain. Il était inéligible, en qualité de High Sheriff, et on ne voulut pas entendre parler de sa démission. Mais quelques semaines après, une vacance se produisait dans la représentation de Dublin, par suite de la promotion d'un de ses représentants, le colonel Taylor, à un poste ministériel; cette promotion rendant une réélection nécessaire, Parnell, accepté par le parti nationaliste, se jeta résolument dans la bataille. La bataille, d'ailleurs, était perdue d'avance, car les *tories* étaient alors maîtres du vote du comté de Dublin. Parnell la perdit donc et cela dans des conditions tout à fait désastreuses. Non seulement il ne fut pas élu, mais il produisit dans les meetings une impression peu favorable. « Nous avons eu un tampon pour candidat », disait, quelques jours après cette élection de Dublin, un nationaliste irlandais en visite à Londres.

C'est qu'aussi Parnell avait débuté dans les circonstances les plus fâcheuses qu'on pût imaginer. Nous l'avons dit, l'insuccès était certain. Mais le candidat n'avait pas donné à ses compatriotes une haute idée de sa valeur. Il était insuffisamment exercé à l'art de la parole. Appelé à haranguer les électeurs, il hésita, bégaya, s'arrêta net, retrouva quelques mots, se troubla davantage malgré les encouragements bienveillants de l'auditoire... bref, ce fut un vrai soulagement pour les auditeurs quand il conclut dans une agitation nerveuse très visible quoique contenue.

Dans une circonstance pareille — dans son début malheureux à la Chambre des Communes, — Disraëli avait dit de ses adversaires : « Je les forcerai bien un jour à m'écouter ». Mais Parnell n'avait eu affaire qu'à des partisans, à des amis. Il dut donc se promettre de mériter mieux la faveur de ses compatriotes. Cette faveur, notons-le en passant, allait à son nom, mais pas du tout à sa personne. Car plus encore que sa personne d'apparence britannique, son accent devait déplaire à un auditoire irlandais. Parnell parlait l'anglais avec le pur accent d'Angleterre. Le brogue (accent) irlandais lui manquait complètement. Et ce n'était pas chose indifférente. Mais son nom plaida victorieusement la cause contre son accent. N'avait-on pas devant les yeux un descendant de sir John Parnell qui, aux jours maudits de l'Union, avait tenu tête au gouvernement anglais et combattu jusqu'au bout pour les libertés irlandaises? Cela répondait à tout. L'Irlande a gravé dans son cœur les noms de ceux qui, en ces jours mauvais, surent lui rester fidèles en dépit de toutes les menaces et de toutes les tentatives de corruption. Il faut ajouter que cette gratitude ne surcharge pas sa mémoire d'une longue liste. L'Irlande était au siècle dernier fort incomplètement représentée par son Parlement.

L'échec de Dublin ne tenait donc point à la personne du « Candidat tampon ». Et la preuve c'est qu'un peu après, une vacance s'étant produite à Meath, Parnell fut présenté comme candidat nationaliste et élu le 19 avril 1875.

Voilà donc Parnell à la Chambre des Communes ! L'orateur, on l'a vu, était encore à naître ; de l'homme lui-même on ne savait rien ou peu de chose. Et cependant plusieurs racontaient de lui un trait de caractère qui le peignait tout entier. Un jour qu'il avait débarqué à Dublin avec les onze *crickelers* (joueurs de cricket) du comté de Wicklow dont il était le capitaine, pour jouer au *Phœnix Park* une partie à laquelle il était défié, une discussion préliminaire s'engagea entre lui et le chef du camp adverse sur une règle du jeu. La troupe de Parnell dont plusieurs membres étaient montés de bonne heure en voiture pour venir de très loin au rendez-vous, aurait désiré que son chef cédât. Mais il aurait été plus aisé de convaincre un mur. Et fièrement Parnell donna l'ordre du départ.

Ce n'est là, sans doute, qu'un trait de jeunesse ; et cependant il se retrouve quelque chose du *cricketer's captain* dans l'homme politique qui, déposé par la majorité de son parti, prétend rester le chef de cette majorité malgré des élections écrasantes, et envoie promener tout le monde. Et il ne s'agissait plus d'une partie de jeu, mais d'une crise où pouvait sombrer la cause qu'il avait longtemps défendue. *Aut Parnell aut nihil.*

CHAPITRE II.

Le député de Meath. — M. Isaac Butt et le *Home Rule*. — Premier exemple d'*obstruction*. — M. Biggar. — L'*obstruction* érigée en système. — Premiers épisodes et premiers résultats. — Sir Stafford Northcote battu. — Parnell contre le Parlement. — Désaveu de M. Butt. — Popularité grandissante de Parnell. — Mort de M. Butt. — Son successeur.

Parnell entrait dans la politique quelques semaines avant les grandes et belles fêtes qui marquèrent en Irlande le centenaire de Daniel O'Connell.

Je ne sais si le nouveau député de Meath songeait déjà dans quelque rêve ambitieux à prendre la place de « roi sans couronne de l'Irlande » que le grand agitateur catholique avait laissée vacante dans l'histoire. Mais je sais bien que nul n'aurait alors cru Parnell fait pour cette place-là. Avec quelques autres journalistes de Paris, j'assistais à ces inoubliables fêtes du centenaire d'O'Connell. J'ai fait honneur à bien des toasts, j'ai entendu bien des discours ; je n'ai pas souvenir que le nom de Parnell ait une seule fois retenti à mon oreille.

M. Isaac Butt gouvernait alors les restes débandés de l'armée du *Rappel* qui, sous O'Connell, était le nom du *Home Rule*. *Rappeler* (révoquer) l'acte d'union ou demander le *Home Rule* (l'autonomie) c'était, sous une formule différente, la même chose, puisque l'acte d'union avait aboli le Parlement irlandais. Et comme le disait O'Connell, ce qu'une loi avait pu faire, une autre loi pouvait le défaire. C'était cette autre loi que M. Butt demandait pour rendre à l'Irlande ses libertés et ses privilèges. Il la demandait d'ailleurs selon une méthode qui n'inquiétait guère le gouvernement anglais. Tous les ans il proposait régulièrement sa motion; tous les ans elle était appuyée par un nombre plus ou moins grand de libéraux, votant en dehors de leur parti. Je n'ai pas besoin d'ajouter que tous les ans le ministre *tory* ou *whig* ordonnait à sa majorité d'ajourner la réforme aux calendes grecques.

Ce qui, par exemple, ne manquait pas de revenir périodiquement en discussion à la Chambre des Communes, c'était un *bill* de coercition à l'adresse de l'Irlande. Et justement, le jour même où Parnell entrait pour la première fois à la Chambre, le 22 avril 1875, un *bill* de coercition proposé par le cabinet *tory* était sur le tapis. Et un député irlandais, M. Biggar, celui-là qui devait, plus tard, mener avec le nouvel arrivant la vraie campagne de l'obstructionnisme, avait reçu de M. Butt le mandat de « parler contre le temps » ; c'est-à-dire, de parler le plus longtemps possible, pour retarder le vote de la loi.

M. Biggar n'était point un orateur ; il ne se piquait point de beau langage, ni de belles-lettres ; il possédait, en outre, l'affreux accent de Belfast, qui a le don d'horripiler les Anglais ; mais il parlait avec facilité la langue des affaires ; du reste, il se souciait médiocrement, dans la circonstance, d'intéresser son auditoire ; on lui avait dit de garder la parole et il la gardait. Après avoir parlé de mille choses qui n'avaient aucun rapport avec le projet en discussion, il avait pris le parti de s'emparer du *Blue book* et d'en lire à ses auditeurs de copieux extraits. A ce jeu, la voix devait lui manquer plus tôt que la matière ; c'est ce qui arriva, et le *Speaker* lui fit remarquer que ses observations ne parvenaient plus jusqu'au « fauteuil » (du Speaker).

M. Biggar en convint. Mais il ajouta qu'il parlait depuis longtemps, que sa voix était un peu fatiguée, qu'il était d'ailleurs trop loin du « fauteuil » et qu'il demandait la gracieuse permission de se rapprocher du *Speaker*. Puis, déménageant ses dossiers, il s'installa plus près du « fauteuil » et reprit sa lecture. Quand il fut parvenu à la limite du temps qu'il s'était fixé, il conclut gravement, en disant qu'il croyait avoir prouvé à la Chambre, qu'il n'y avait pas lieu de voter le *bill* de coercition proposé par le gouvernement. Selon le témoignage de « Hansard » (c'est le compte rendu quasi officiel de la Chambre des Communes), M. Biggar avait ainsi parlé et lu pendant quatre heures. Pour son début, Parnell assistait donc à une petite expérience d'obstruction.

L'idée, d'ailleurs, n'était point nouvelle ; du temps de Grattan et d'O'Connell, les Irlandais y avaient pensé. On avait même recouru à l'obstruction dans une mesure modérée pour combattre et retarder les lois dirigées contre l'Irlande. Mais on n'avait pratiqué la manœuvre que dans les questions intéressant directement le parti irlandais. Parnell, lui, devait la généraliser. Puisque le Parlement anglais ne voulait point faire droit aux griefs de son pays, on suspendrait, on retarderait, on paralyserait par d'interminables discussions toutes les affaires de l'empire. Et par là, on forcerait l'opinion à entendre les doléances de l'Irlande.

La méthode peut, au premier abord, paraître puérile. Et néanmoins, c'est en l'appliquant avec un sang-froid, une habileté et une énergie extraordinaires, qu'en quelques années Parnell a pu faire de la cause irlandaise le « bloc » qui, selon la pittoresque expression de M. Gladstone, « barre le chemin » du Parlement anglais.

Certes, on ne prévoyait guère un pareil résultat aux jours tranquilles de M. Isaac Butt. La manœuvre de M. Biggar, à laquelle nous venons d'assister, ne devait être qu'une manœuvre isolée. M. Butt aurait trop redouté de provoquer contre lui, contre ses collègues, contre l'Irlande, les colères du Parlement.

Aussi, ce fut un peu en dehors de lui, avec le concours de quelques collègues déterminés, que Parnell adopta la tactique de l'obstruction.

Parmi ces collègues et partisans de la première heure, le plus fameux a été M. Biggar. Il formait, d'ailleurs, un parfait contraste avec Parnell. Autant celui-ci paraissait, de la tête aux pieds, par les manières, comme par le langage, l'héritier aristocratique d'une grande famille anglaise, autant malgré son esprit, M. Biggar, aux épaules difformes, à la parole vulgaire, aux attitudes communes, rappelait sans le flatter, le type du grossier *orangiste* de Belfast. Mais tous les deux avaient, à un égal degré, la passion de l'Irlande, l'horreur du régime anglais, le superbe mépris du *qu'en dira-t-on*. Aujourd'hui, que la mort a couché dans la tombe le général et le lieutenant, je me demande si ce n'est pas celui-ci qui a donné à son pays la plus pure part de dévouement. J'ai entendu dire que M. Biggar avait été l'un des premiers à constater avec douleur le *déraillement* de Parnell. Né dans la religion protestante, il a voulu mourir catholique. Et, quand il fut frappé, en pleine Chambre des Communes, de la syncope dont il ne se releva pas, on vit à l'intérêt bienveillant de ses collègues et aux articles des journaux, qu'en dehors de son rôle d'obstructionniste, le député irlandais possédait des qualités qui partout finissent par commander l'estime et la sympathie.

Mais qu'on était loin, en ce temps-là, de la syncope de M. Biggar, du déraillement de Parnell ! Les deux députés irlandais étaient certes les deux hommes dont on parlait le plus en Angleterre, où ils passaient pour la huitième plaie d'Égypte, pour l'abomination de la désolation. Ils indignaient les ministres et leur majorité, ils scandalisaient l'opposition, ils excitaient à qui mieux mieux l'ire et la verve des journaux de Londres. Mais avec une obstination invincible, ils poursuivaient la tâche qu'ils s'étaient donnée.

Chaque fois que le gouvernement présentait un projet de loi, ils couvraient le « papier » de la Chambre des Communes, de projets d'amendements. Absurde ou sérieux, chaque amendement nécessitait une discussion. Et quand les deux conjurés ne rencontraient point de contradicteur officiel, ils se résignaient à faire, eux seuls, tous les frais de la discussion. Parnell prenait la liberté de ne point partager l'avis de son honorable collègue, le représentant de Cavan [1]. Puis l'honorable représentant de Cavan se permettait de maintenir son avis contre l'honorable représentant de Meath.

Et la comédie se continuait ainsi. Les amendements succédaient aux amendements, les discours aux discours. Et les *bills* du gouvernement étaient en souffrance, et la machine parlementaire était détraquée, et, pendant que MM. Parnell et Biggar jouaient leur rôle avec une impassibilité parfaite et une indomptable énergie, les vieux parlementaires et les partisans du ministère rêvaient tout haut d'adopter contre les *obstructives* d'Irlande des mesures désespérées.

On devait plus tard y venir à ces mesures ; les chefs des deux grands partis anglais ont fini un beau jour par se mettre d'accord pour limiter le droit de discussion, et pour introduire dans le règlement de la Chambre des Communes la fameuse « clôture » qui joue un

1. Au Parlement anglais, on ne désigne jamais des députés que par le nom de leur siège ; c'est de strict *decorum*.

si grand rôle dans les Parlements continentêaux mais qui reste en Angleterre entouré d'un, foule de restrictions où le droit des minorités trouve encore des garanties.

Quand on s'avisa de ce remède extrême, quand le Parlement anglais se résigna à subir une amputation de ses vieilles libertés, le but de Parnell était atteint. Ce n'était pas seulement en Angleterre, c'était dans le monde entier, qu'on suivait les incidents de la bataille soutenue à Westminster par les champions désespérés de l'Irlande contre la Chambre des Communes.

Cette longue bataille a eu des épisodes célèbres. Elle a eu aussi parfois des péripéties inattendues. Si Parnell et M. Biggar soulevaient des incidents et des discussions à propos de n'importe quoi, ils avaient aussi l'habileté de ne point négliger les questions qui pouvaient offrir un intérêt général. Ainsi, à propos du *bill* annuel sur l'armée, ils soulevèrent un jour une discussion passionnée au sujet de l'usage du fouet dans les casernes. La question devait intéresser les libéraux. Elle intéressa M. Chamberlain qui alors n'était point brouillé avec les Irlandais et ne laissait point deviner encore « le champion de l'unionisme » qu'il est devenu depuis. Le radical de Birmingham prit donc fait et cause pour les obstructionnistes en cette matière, et cela à la grande indignation de lord Hartington, un autre lieutenant de M. Gladstone et qui n'entendait point qu'on pût soutenir la meilleure thèse, quand elle avait pour parrains MM. Parnell et Biggar. Mais de même que Parnell avait contraint M. Chamberlain à entrer dans son jeu, pour l'honneur du libéralisme, de même M. Chamberlain contraignit lord Hartington, après une scène publique, à se mettre de la partie. Et au bout de quelque temps l'abolition du fouet devenait officiellement un article du programme libéral. Or, pendant que cette évolution s'opérait dans le camp des libéraux, MM. Parnell et Biggar, retirés sous la tente, contemplaient avec gaieté cet amusant résultat de leur savante manœuvre.

M. O'Connor à qui nous empruntons cet épisode de l'obstructionnisme en cite d'autres.

Une nuit, car le Parlement fonctionne surtout la nuit chez nos voisins, MM. Parnell et Biggar soulevèrent avec leur acharnement accoutumé une interminable discussion sur un *Prison's Bill* que le Gouvernement poussait de son mieux. Les motions succédaient aux motions, les demandes d'ajournement aux demandes d'ajournement. Et il se faisait terriblement tard.

M. Isaac Butt qui se sentait depuis quelque temps un peu submergé dans l'océan de colère que « les obstructionnistes » soulevaient dans le pays et dans le Parlement, voulut se dégager avec éclat de ces alliés compromettants. Au milieu des applaudissements furieux de la Chambre, il se leva pour protester contre les agissements de ses collègues qui, selon lui, menaçaient de déconsidérer à tout jamais le parti irlandais. Parnell répliqua avec respect, avec chaleur pourtant ; et dès lors on sut qu'il avait à compter non pas seulement avec les partis anglais, mais avec la majorité même de son propre parti dont le chef l'avait publiquement renié.

La plus célèbre de ces batailles de l'obstruction eut lieu à propos du *South African Bill* qui précéda les déboires de la politique anglaise au Transvaal. Le projet de loi avait soulevé une assez vive opposition des libéraux. Parnell naturellement se jeta dans la mêlée; les choses prirent vite une tournure aiguë, les incidents violents se multiplièrent, préparant tous les esprits à une explosion qui eut lieu le 25 juillet 1877. Un député anglais, M. Jenkins, qui combattait le projet de loi, fut accusé par un membre de son propre parti, M. Monk, d'abuser des règlements de la Chambre.

M. Jenkins demanda que son collègue fût rappelé à l'ordre. La motion fut vivement appuyée par Parnell qui déclara en quelques phrases ardentes que les limites de la patience étaient dépassées et qu'il était temps de réprimer le langage qu'on osait tenir à l'opposition. Là dessus, le chancelier de l'Echiquier, le chef de la majorité, sir Stafford Northcote demande avec vivacité qu'on prenne acte des paroles de Parnell. On écarte, par une procédure, d'ailleurs irrégulière, la motion de M. Jenkins; le Président déclare que M. Monk n'est pas sorti du règlement, puis il demande à Parnell de retirer la phrase par laquelle il accuse les membres de l'honorable Chambre d'une manœuvre d'intimidation. C'est alors que Parnell se lève pour s'expliquer et, au milieu d'un grand tapage, il prend la parole.

Il commence par une charge à fond contre le *bill* qui lui permet de comparer le sort dont on menace les colonies africaines au sort de l'Irlande : « Aussi, dit-il, en ma qualité d'Irlandais, venant d'un pays qui a connu dans toute leur étendue les résultats de l'intervention anglaise dans ses affaires, et les conséquences de la tyrannie et de la cruauté anglaises, je ressens une particulière satisfaction à combattre et à déjouer les intentions du gouvernement à propos de ce *bill* ».

On juge de la surprise, de la colère des ministériels à cet aveu dénué d'artifice. On croit avoir enfin saisi l'habile et insaisissable député d'Irlande dans un moment de passion et d'oubli. On le tient enfin. Et au milieu de clameurs, sir Stafford Northcote se lève derechef pour en appeler au *Speaker* que le Président des Commissions remplace au fauteuil et pour demander que toute affaire cessante Parnell soit « suspendu » jusqu'au vendredi suivant. Tranquillement Parnell appelé à s'expliquer prend la parole. Il soulève d'abord une objection technique de procédure. Elle est rejetée par le *Speaker*. Parnell entre alors en matière et adresse à la Chambre des Communes un discours qui respire le défi et le dédain. La majorité hors d'elle-même proteste avec fureur, interrompt l'orateur et demande que Parnell « se retire » selon l'usage, pendant que la Chambre statuera sur son compte. Avec un sang-froid parfait, Parnell quitte son siège et va prendre place dans la galerie du *Speaker*, d'où il observe avec intérêt la continuation de la scène. Cependant sir Stafford Northcote s'est levé. Il demande que Parnell « ayant volontairement et avec persistance entravé les affaires publiques et s'étant rendu coupable de « mépris de la Chambre » soit suspendu jusqu'au vendredi suivant ».

Ce n'était pas Parnell, c'était sir Stafford qui avait perdu le sang-froid. Sa motion n'était point correcte dans la forme. Parnell avait déclaré son intention d'entraver — non les desseins de la Chambre, ce qui eût été un mauvais cas — mais les desseins du gouvernement, ce qui est la fonction ordinaire des oppositions ; à sa grande confusion, sir Stafford fut obligé de consentir à l'ajournement de la discussion sur l'incident, et Parnell rentrant en scène reprit tranquillement son discours au passage même où il avait été interrompu.

La discussion de ce fameux *South African Bill* fut aussi l'occasion d'une innovation inouïe dans les mœurs parlementaires anglaises. Pour venir à bout de l'obstruction de MM. Parnell et Biggar, la majorité ministérielle avait organisé des « relais ». On s'était divisé en plusieurs groupes. La Chambre devait toujours contenir un certain nombre de ministériels prêts à profiter de la première défaillance ou de la première faute de tactique des obstructionnistes pour provoquer un vote et avancer la discussion du *bill*. Les autres iraient dîner, ou dormir, ou prendre le frais. On se relèverait par groupes à des heures convenues. Et tout cela était organisé contre deux hommes aidés seulement par quatre ou cinq collègues moins déterminés qu'eux. Cette nuit des « relais » est restée célèbre à Londres. MM. Parnell et Biggar tinrent bon jusqu'à huit heures du matin. Et M. Biggar seul avait pu prendre quelques acomptes de sommeil dans la Bibliothèque de la Chambre. Il pouvait, dit M. O'Connor, dormir partout et n'importe comment. En vain les ministériels faisaient tomber comme par mégarde de lourds *blue books* pour réveiller le dormeur dont le sommeil semblait encore les provoquer : vains efforts ! M. Biggar ne se réveillait qu'à l'heure qu'il avait lui-même fixée pour se rejeter dans la bataille.

Il va sans dire que si la tactique obstructionniste avait rendu en Angleterre le nom de Parnell fort haïssable, elle avait singulièrement grandi en Irlande la renommée du nouveau député irlandais. L'île sœur n'attendait plus en suppliante à la porte du Parlement de Westminster; elle bravait le lion britannique dans son antre même. Elle rendait menace pour menace, coup pour coup. On avait tué son Parlement national. Elle paralysait le Parlement anglais. Elle ne sollicitait plus la justice, elle l'exigeait, et cela avec les armes mêmes de l'ennemi. Sans doute ses champions n'étaient qu'une poignée, mais peu importait, puisqu'ils suffisaient malgré leur petit nombre à tenir en échec toutes les forces de l'Angleterre. Il semblait que pour la première fois depuis l'Union, l'Irlande apprenait la puissance de l'arme qu'on lui avait mise entre les mains. Certes la lutte pouvait être longue, difficile et périlleuse. Peu importait encore l'âpreté de la bataille, puisqu'elle avait désormais le moyen de la soutenir. Parnell le lui donnait. Et reprenant confiance, l'Irlande volait pour ainsi dire au devant de l'homme qui, en quelques années, avait opéré cette transformation et dont le seul nom faisait hurler la presse anglaise.

On le vit bien au premier voyage que Parnell fit dans son pays à la suite de sa campagne obstructionniste. Ce fut un élan d'enthousiasme, une série d'ovations qui révélaient à l'Angleterre que l'Irlande avait trouvé un nouveau général en chef et qu'elle était prête à le suivre où il la conduirait.

Et pourtant, la signification de ce mouvement échappait à M. Isaac Butt, le chef nominal du parti irlandais. Un jour, à la Chambre des Communes, quelqu'un, frappé de l'air de Parnell, imagina d'appeler sur lui l'attention de M. Butt. « Ce jeune homme sera votre mort », lui dit-il. M. Butt haussa les épaules d'un air de dédain. « Quelle absurdité, fit-il, je peux d'un mot le chasser de la vie publique ». Quelque temps après il était cruellement détrompé. La confédération du *Home Rule* de la Grande Bretagne, l'association qui groupe presque tous les Irlandais vivant en Angleterre, avait à réélire un président. Le président en fonctions était M. Isaac Butt. Il ne doutait guère de sa réélection ; mais à Liverpool, où il était allé pour assister à la convention, il apprit qu'on porterait Parnell contre lui. Et le courant s'était dessiné avec une telle force, qu'il n'essaya pas même de lutter.

Ce pauvre Isaac Butt qui, avant Parnell, avait eu charge de la cause de la catholique Irlande, était comme lui un protestant. C'était un digne homme. Il avait un grand et réel talent oratoire. Mais il n'avait ni l'ardeur ni l'énergie de Parnell. Il jouissait à la vérité de l'estime du Parlement, ce qui n'avançait guère les affaires de l'Irlande; Parnell, on l'a vu, avait une autre méthode. D'ailleurs M. Butt n'était plus de force à soutenir la lutte. Il était âgé, et, au milieu de sa carrière politique, il était obligé, pour vivre, de suivre sa profession d'avocat. Il brûlait, comme on dit, la chandelle par les deux bouts ; à ce métier-là, il n'est pas de vie qui puisse durer. C'est ce que lui-même constatait mélancoliquement, en disant à son médecin qui l'engageait à se ménager : « Le couvre feu a sonné, et les lumières seront bientôt éteintes ».

Vainement les partisans qui lui étaient restés avaient-ils voulu organiser une souscription à son profit. Le projet tombait au milieu de la lutte d'influence engagée entre lui et Parnell. Il avorta, et cet échec fut sensible au vieux chef, qui souffrait d'une maladie organique du cœur. Il reparut cependant en public à Dublin pour défendre, non sans une réelle éloquence, sa politique contre celle de Parnell : ce fut le chant du cygne. Quelques jours après il tombait grièvement malade. Il languit pendant un mois et mourut avant d'avoir connu toutes les amertumes d'un inévitable déclin. Entre lui et Parnell, la victoire devait choisir Parnell, et cependant ses partisans, dont plusieurs étaient accusés de n'attendre que l'occasion d'un accommodement fructueux avec le ministère anglais, ne se rallièrent point tout de suite à la fortune du vainqueur. Parnell leur paraissait compromettant et dangereux. Ce fut un autre de ses collègues, M. Shaw, homme de talent d'ailleurs et de vues modérées, qui fut choisi comme le chef nominal du parti irlandais, jusqu'à la crise des élections générales de 1879-1880.

CHAPITRE III.

Parnell en face des *tories*. — La situation aggravée en Irlande par l'approche de la famine. — Michel Davitt et la *Land League*. — Parnell prend la tête du mouvement. — Organisation régulière de l'agitation. — Appel aux États-Unis. — La mission de Parnell et de Dillon en Amérique. — Un mot de gouverneur d'État. — Plus d'un million et demi de francs en quelques jours. — Parnell et Dillon rappelés en Irlande par la dissolution du Parlement. — Victoires électorales de Parnell. — Son élection à la présidence du parti.

Mais les évènements eux-mêmes allaient se charger de travailler pour Parnell. Le parti tory, toujours au pouvoir, ne songeait point à modifier sa politique séculaire en Irlande.

En repassant les souvenirs de cette époque, je retrouve Parnell livrant, avec sa demi-douzaine de partisans, des batailles acharnées au gouvernement anglais, et les ministres proclamant avec des tournures variées qu'ils voulaient le bonheur de l'Irlande, en lui imposant, malgré elle, les faveurs coutumières de leur paternelle administration. Or, si l'opposition académique de M. Shaw ne gênait pas outre mesure le cabinet tory, il en était autrement de celle de Parnell. Il n'y avait pas à s'y méprendre. C'était derrière ce nouveau chef et sa petite phalange qu'était l'Irlande. Les voix les plus autorisées du clergé irlandais se prononçaient nettement en faveur de la politique parnelliste. L'opinion suivait avec une passion grandissante les incidents multiples de l'ardente bataille engagée à Westminster. Une crise familière hélas ! dans l'histoire de l'Irlande allait bientôt aggraver les responsabilités de l'Angleterre et mettre le sceau à la popularité de Parnell.

L'année 1877-1878 avait donné de mauvaises récoltes ; l'année 1878-1879 fut désastreuse. L'inquiétude, la misère, l'agitation, les désordres agraires étaient au comble. Et l'homme d'État chargé d'appliquer en Irlande la politique du cabinet *tory* de lord Beaconsfield (Disraëli) était M. James Lowther qui avait pour système de répondre aux questions, aux demandes d'enquête des Irlandais, que tout allait passablement en Irlande et que tout irait encore mieux sans les agitateurs et les politiciens de profession. De tous les secrétaires en chef que l'Irlande a eus, celui-là fut assurément un des plus médiocres, un des plus étroits. Il était de l'école de ceux qui croient qu'un bon *bill* de coercition doit répondre à tous les besoins des Irlandais.

Il fallut pourtant bien se rendre à l'évidence. La récolte des pommes de terre était tombée au plus bas chiffre qu'on eût connu depuis la grande famine de 47. La famine était encore aux portes de l'Irlande, où Michel Davitt le « forçat libéré » des prisons anglaises de Dartmoor et de Portland, après une captivité de sept années, organisait l'agitation qui devait aboutir à la création de la fameuse « Ligue agraire » [1].

1. Ce serait une curieuse étude à faire que celle de ce Michel Davitt, qui, fils de pauvres fermiers irlandais, condamné à la faim et à l'exil avec tous ses parents par une éviction inhumaine, et réfugié en Angleterre, a débuté par les métiers les plus humbles et est parvenu, à force de travail et d'énergie, à être un ora-

Non sans avoir hésité, Parnell se jeta dans e mouvement. Il en était resté longtemps à la formule des trois F., formule qui, au Parle-

teur écouté, un écrivain célèbre et le seul homme qui, à côté de MM. Dillon, O'Brien, Sexton et Healy, pouvait contrebalancer la popularité de M. Parnell.

Il avait été mêlé au procès des *Fenians* de Liverpool et condamné pour un fait qu'il niait d'ailleurs à 12 ans de travaux forcés. Mais ce galérien recevait dans sa prison des évêques irlandais. Il a eu comme catholique un tort qu'on comprend pourtant chez un Irlandais, celui de vouloir, par la violence et les associations illégales, l'indépendance de son pays. Il a aussi un autre tort, celui de vouloir faire expier au principe respectable de la propriété, les maux que la propriété, en tant qu'institution et legs de la conquête anglaise, a causés en Irlande. Mais il a le mérite d'avoir, plus que personne, ramené dans les voies constitutionnelles et légales, les membres du parti de la « force physique » en Irlande et aux États-Unis. La *Pall Mall Gazette*, de Londres, proclamait dernièrement que Davitt avait mieux que personne travaillé à la réconciliation des peuples irlandais et anglais.

A l'époque dont nous parlons, Michel Davitt n'était libéré, comme on dit en Angleterre, que sur un *ticket of leave*, c'est-à-dire sous conditions. Il pouvait être arrêté sans autre forme de procès, et il le fut un peu plus tard pour être relâché à la suite du fameux traité de Kilmainham entre MM. Parnell et Gladstone.

M. Davitt, marié à une charmante américaine, habite aujourd'hui la villa *Land League* que ses compatriotes lui ont offerte en cadeau de noces.

lement anglais, résumait le fonds des réformes agraires demandées par l'Irlande, et par laquelle on entendait : *Fair rent* (loyer équitable), *Free sale* (libre vente), *Fixity of Tenure* (fixité de bail).

Mais dans la crise qui commençait, ces remèdes ne paraissaient plus que des palliatifs. Le temps semblait être venu de mettre l'Angleterre en demeure de remanier de fond en comble le système qui n'avait rapporté à l'Irlande que l'asservissement, la misère et les famines périodiques.

Ce fut à Westport, en juin 1879, que Parnell, par un discours qui eut un immense retentissement, se mit résolument à la tête du mouvement de la *Land League*.

Mais ce n'était pas tout de lancer le mouvement. Il fallait l'organiser, le régulariser, le hiérarchiser. En septembre 1879, un meeting de proportions modestes vit naître définitivement la nouvelle association avec un bureau régulier, président, vice-présidents, secrétaires, trésoriers. Son premier appel adressé à l'Irlande reçut un accueil enthousiaste. Le clergé le patronnait hautement. En quelques semaines le pays se couvrit de « branches locales », qui organisaient des réunions, votaient des souscriptions et rayonnaient toutes vers l'association centrale de Dublin. Parnell avait naturellement été élu comme président. Avec John Dillon il fut chargé, ou plutôt il se chargea d'aller solliciter le concours et les subsides des Irlandais des États-Unis, pour la nouvelle agitation.

Jusqu'alors les États-Unis n'avaient fourni à l'Irlande que des secours dans les crises de famine ou des conspirations de *fenians*. C'était la première fois qu'on allait leur demander de favoriser de leur sympathie et de leurs subsides une agitation irlandaise constitutionnelle et légale contre le régime britannique. Et leur concours n'était pas à dédaigner. L'Irlande d'Amérique est deux fois plus nombreuse et incomparablement plus riche que l'Irlande du canal Saint-Georges. Parnell comprit tout le parti qu'on pouvait tirer de cette immense force.

Le terrain était d'ailleurs admirablement préparé. Tous les journaux américains s'étaient passionnés pour la lutte acharnée poursuivie à Westminster par une poignée d'Irlandais contre le gouvernement anglais. Ils avaient tous signalé la gravité de la crise où entrait l'Irlande. Ils avaient tous fait écho aux solennels avertissements de l'épiscopat irlandais.

Le voyage de Parnell fut un vrai triomphe. A Washington il fut admis par une faveur rare et en grande solennité aux honneurs de la séance du Congrès. Lui et Dillon rencontrèrent partout un accueil enthousiaste. Tout le monde voulait voir et entendre les délégués de l'Irlande qui formaient entre eux le plus parfait contraste. Dillon avec sa figure maigre, ses yeux profonds et sa parole brûlante, semblait la personnification des douleurs de sa patrie. Parnell avec son regard calme et froid, ses traits réguliers, et son masque de sereine impassibilité donnait bien l'idée de l'homme dont l'énergie et la vigueur démontaient si fort les ministres de la reine Victoria. Ce contraste fut même mis assez plaisamment en évidence à Jersey-City où les deux députés irlandais avaient été l'objet d'une réception chaleureuse. Quand, à la fin de la cérémonie, le gouverneur put aborder les « deux hôtes distingués que son État venait de fêter royalement, il embrassa Dillon en s'écriant : « Ah ! Dillon, quand j'ai vu Parnell je me suis dit : ce compagnon est un aristocrate. Il ne sait pas ce que c'est que la famine, mais en vous voyant je me suis dit : Si j'ai jamais vu un pauvre diable sur la figure duquel la faim soit écrite clairement, c'est Dillon »[1].

Les démonstrations, les ovations qui accueillaient les délégués de l'Irlande dans toutes les villes des États-Unis, n'étaient point un mouvement artificiel. Parnell avait cherché un levier pour soulever l'Irlande entière, et le levier se trouvait pour ainsi dire tout prêt. Partout des associations, des comités se formaient et se reliaient à l'association centrale de la « Ligue agraire des États-Unis ». Des hommes éminents et estimés avaient consenti à prendre la direction du mouvement. Et il ne s'agissait pas seulement d'Irlandais qui, fidèles au souvenir de la terre natale, voulaient coopérer à une agitation dont ils sentaient toute l'importance, mais aussi d'hommes politiques qui, se rendant compte du rôle électoral que l'élément irlandais joue aux États-Unis, voulaient mériter ses sympathies.

Un fait, ou plutôt un chiffre, dira la valeur

1. O'Connor, *Life of Parnell.*

de la machine de guerre que Parnell dressait ainsi contre la puissance britannique. En quelques semaines, lui et Dillon avaient recueilli pour la caisse de la Ligue, 350,000 dollars, 1,750,000 francs.

Au beau milieu de cette brillante campagne, la dissolution de 1879 rappela Parnell et Dillon en Irlande. En ce temps-là le parti tory redoutait moins qu'aujourd'hui une consultation des électeurs. Lord Beaconsfield, qui était beau joueur et qui gouvernait alors, espérait bien, par de nouvelles élections générales, consolider son bail avec le pouvoir. Et, comme l'atteste sa célèbre lettre à lord Marlborough, qui était alors vice-roi d'Irlande, c'était sur la question irlandaise surtout que devait avoir lieu la bataille électorale; on sait comment elle tourna. Le parti tory et son chef furent battus et M. Gladstone remonta au pouvoir.

La crise avait éclaté trop tôt pour Parnell. Il ne pouvait pas encore être prêt pour la lutte décisive. Il revenait d'Amérique les mains pleines d'or. Mais par suite d'une « résolution » votée dans les Conseils de la Ligue agraire, il était interdit d'utiliser les ressources de la Ligue pour les besoins du parti parlementaire qui, on l'a vu, n'inspirait aucune confiance aux partisans de la nouvelle agitation. Il aurait pourtant fallu pouvoir susciter et soutenir un peu partout des candidats nouveaux. Certes, si Parnell avait eu le moyen de puiser dans les fonds américains, il aurait dès lors organisé la phalange qui, cinq ans plus tard, après les élections générales de 1885, devait lui permettre de jouer un rôle prépondérant entre les deux partis anglais.

Mais il n'entra dans la lutte qu'avec un peu plus d'une trentaine de mille francs. Par exemple, il sut tirer parti de ce modeste trésor de guerre et bien choisir ses positions. Pour faire triompher ses candidats, il montra une énergie, une activité prodigieuse; on eut dit qu'il avait trouvé le moyen d'être partout à la fois. De cette campagne, un incident est particulièment resté vivant dans notre mémoire, celui de la défaite du chevalier O'Clery. Nous avions eu l'occasion de rencontrer à Paris ce député irlandais qui avait été, si nos souvenirs ne se trompent pas, zouave pontifical, qui aimait généreusement la France et en qui nous aimions à voir le type du gentleman irlandais. Il avait encouru l'inimitié de Parnell pour son ancien attachement à M. Butt, et aussi pour une question d'indépendance personnelle. Parnell voulut l'immoler à l'unité de sa future armée, et la chose ne fut point facile. Le chevalier O'Clery était très populaire dans sa circonscription. Parnell dut donner de sa personne et tenir tête à une formidable opposition. Il faillit même avoir une rencontre violente avec les électeurs d'Enniscorthy. La réunion qu'il avait convoquée en faveur de son candidat fut balayée par les partisans d'O'Clery. Parnell se trouva seul, face à face avec ces hommes excités qui, une fois, deux fois, dix fois, le sommèrent de « retirer » son candidat. Parnell ne recula pas d'une semelle. Son courage et son sang-froid en imposèrent à ses adversaires et son candidat fut élu.

Pour Parnell personnellement, ces élections de 1880 furent un triomphe. Il fut nommé à Meath, à Mayo et enfin à Cork, où, après la chaude bataille livrée par ses partisans, sa victoire causa tant de joie, qu'on s'embrassait dans les rues.

Peu de temps après, les deux fractions du parti irlandais s'assemblaient en Convention à l'hôtel de ville de Dublin, pour nommer un président. Les uns tenaient pour Parnell, les autres pour Shaw et une scission était à craindre. Parnell, pour l'éviter, avait suggéré l'idée d'une transaction et parlé à quelques-uns de ses collègues, de choisir M. M. Carthy, celui-là même qui le remplace aujourd'hui. Mais des deux côtés on désirait trancher la question. M. Shaw obtint dix huit votes, Parnell en eut vingt trois. Il prit donc possession du fauteuil de la présidence et ce fut avec le maintien tranquille et froid d'un homme qui n'était point pressé d'un tel dénouement, mais qui n'en était pas surpris non plus. Le pas décisif de sa carrière était victorieusement franchi. Et parmi les partisans qui avaient voté pour lui, un homme apparut alors que ses collègues connaissaient à peine. C'était un nouveau venu pour eux, pour Parnell lui-même; c'était le capitaine O'Shea, celui qui devait, dix ans plus tard, jouer un rôle si tragique dans la destinée du chef qu'on venait de porter sur le pavois.

CHAPITRE IV.

La famine en Irlande. — La sympathie des États-Unis et de la France. — Parnell prend position contre le ministère Gladstone. — L'incident O'Donnell. — La question Bradlaugh. — Première menace de M. Gladstone. — Ovation en Irlande. — Entrée à Cork. — La déclaration de Galway. — Visite de Parnell en France. — Silence de Victor Hugo. — L'amiral Maxse et M. Vacquerie.

Cette année 1880 marque dans l'histoire de l'Irlande une de ces années sinistres qu'elle a si souvent connues ; un hiver inclément avait succédé à une année désastreuse pour les récoltes. La famine régnait dans quelques districts. La misère était partout. La voix de l'Irlande en détresse retentissait encore dans le monde. Les États-Unis avaient chargé un navire de provisions pour les victimes de la crise.

Ils envoyaient en outre d'abondants secours d'argent. Le lord maire de Dublin avait lancé une souscription publique. En France, l'*Univers* avait ouvert ses colonnes à une souscription qui en peu de temps rapporta 150,000 fr. Mgr Freppel, le grand évêque, qu'Angers et la France viennent de perdre, avait publié une admirable lettre pastorale par laquelle il prescrivait dans son diocèse une quête pour les affamés d'Irlande. D'autres évêques français s'étaient associés à ce mouvement. En Angleterre même, le lord maire de Londres ouvrit une souscription qui très vite atteignit un chiffre considérable.

Et c'était au milieu, ou du moins à l'origine de la crise, que s'ouvrait la session du Parlement. Mais dès la première séance, l'Angleterre put voir qu'en changeant de chef le parti irlandais changeait de tactique. Le ministère libéral de M. Gladstone avait succédé au ministère tory de lord Beaconsfield. M. Shaw, fidèle aux usages classiques du *Home Rule*, avait pris place avec ses fidèles sur les bancs libéraux, sur les bancs ministériels. Parnell lui, partant de ce principe que jusqu'à preuve contraire l'Irlande ne devait compter sur aucun parti anglais, s'était porté avec sa phalange dans l'opposition. Et aussitôt que la discussion du discours du trône commença, il se leva pour attaquer le ministère sur l'oubli où on laissait l'Irlande. Il demanda au gouvernement ce qu'il comptait faire pour remédier à la terrible crise agraire où se débattait son pays. Après lui, M. Shaw se leva sur les bancs libéraux pour prendre la parole; les ministériels lui firent une petite ovation; mais aux yeux de l'Irlande et de l'Angleterre, Parnell avait pris position.

Parnell resta ainsi sous les armes pendant toute la session. Lors du fameux incident soulevé par M. O'Donnell au sujet de M. Challemel-Lacour [1], alors ambassadeur de la République française à Londres, il prit parti pour son collègue dont il blâmait d'ailleurs l'action contre M. Gladstone qui voulait, en faisant taire le député irlandais, ressusciter un précé-

1. M. O'Donnell demandait au gouvernement s'il était au courant de ce que la presse française racontait de la carrière de M. Challemel-Lacour, notamment au sujet de l'affaire de Calluire et s'il ne pouvait pas amicalement demander à la France de vouloir bien lui donner un remplaçant. M. Gladstone naturellement considéra la chose comme contraire aux convenances internationales et étouffa l'incident.

dent, vieux de deux siècles. « Ils n'oseraient pas, dit Parnell, traiter un Anglais, comme ils traitent O'Donnell ». Et il se jeta dans la mêlée.

Cette session de 1880 vit aussi la lutte de M. Bradlaugh contre le Parlement. M. Bradlaugh était en religion un athée; en politique, en économie sociale, c'était un homme imbu des idées les plus anti-chrétiennes, et qui allait jusqu'au malthusianisme. Il avait annoncé publiquement son intention d'entrer au Parlement sans prononcer de serment, parce qu'il ne pouvait invoquer un Dieu auquel il ne croyait pas. Quand il eut perdu la première partie, il se fit réélire à Northampton et demanda à être admis au serment pour occuper son siège. Mais la chose ne désarma point ses adversaires, qui jugèrent qu'on ne pouvait admettre une violation aussi audacieuse de la sainteté du serment. Alors recommença entre le Parlement et M. Bradlaugh cette lutte que le député et ses adversaires transportèrent même devant la justice. On sait que finalement, à force de poumons, d'obstination et d'habileté, M. Bradlaugh sortit victorieux de la bataille. Il a été un député fort correct et fort tranquille. Il avait particulièrement adopté la cause des races indiennes dont il se faisait constamment l'avocat aux Communes.

Avant d'entrer au Parlement, M. Bradlaugh s'était toujours montré, dans la presse et dans les réunions publiques, un défenseur, un ami des droits de l'Irlande. Le parti irlandais pouvait-il le soutenir? Parnell hésita longtemps. Il intervint enfin au profit du député radical de Northampton, non sans protester d'ailleurs de son horreur pour les doctrines de M. Bradlaugh.

On a regret de voir le champion de l'Irlande en pareille compagnie. Mais il ne faut pas oublier ici deux éléments de la question ; le protestantisme de Parnell et le côté spécial des mœurs politiques anglaises. En France, on n'a pas très bien compris la question Bradlaugh. Je l'ai entendu un jour expliquer par un avocat anglais, un *tory* orthodoxe. « Chez nous, disait-il, la liberté religieuse est complète. Nous ne voulons aujourd'hui d'aucune espèce de persécution religieuse. On peut être juif, musulman, athée, et arriver à tout. (Mon *tory* oubliait qu'un catholique ne peut arriver ni à la chancellerie d'Angleterre, ni à la vice-royauté d'Irlande, ni bien entendu au Trône). M. Bradlaugh a donc le droit d'être athée; il a le droit d'être élu à la Chambre des Communes; mais il devait se conformer à la loi du royaume. Or, il avait protesté contre la loi du serment, et on l'avait écarté. Puis il a voulu s'y conformer pour occuper son siège. On a dû lui barrer encore la route au nom de la sainteté du serment » !

Je n'ai pas trouvé l'explication triomphante. J'aurais compris l'Angleterre disant à M. Bradlaugh, par la bouche de ses représentants : « Nous sommes une nation chrétienne; nous ne voulons pas pour législateur d'un homme qui, en reniant Dieu, supprime la base de toute législation chrétienne ». Je ne comprends plus un grand principe de préservation sociale protégé contre un violateur public et bruyant, par une simple et hypocrite formalité légale. D'ailleurs je n'admire point sans réserves la belle constitution anglaise, à moins qu'on ne veuille, comme M. de Maistre, la laisser où elle est. Elle a abrité de vilaines choses contre la liberté humaine. Elle contient le germe de tous les poisons dont de vigoureuses nations peuvent périr. Mais j'admire le bon sens et l'habileté que nos voisins mettent à manier ces poisons-là. Et j'ajoute que, chez eux, le peuple et les mœurs ont toujours mieux valu que les maîtres et les lois.

La question O'Donnell, la question Bradlaugh n'étaient que de courts intermèdes dans la grande pièce qui se jouait au Parlement. Or de cette pièce-là, Parnell était le principal héros, car il s'agissait toujours de la lutte désespérée engagée par l'Irlande contre le gouvernement anglais. Et toute occasion était bonne à Parnell et à ses lieutenants pour harceler le ministère, pour exposer la situation douloureuse où se débattait leur pays, pour demander en son nom une part de justice et de liberté. Ces attaques étaient aux yeux des ministres d'autant plus exaspérantes, que vraiment en Irlande la situation s'aggravait. Le gouvernement était débordé par l'agitation de la *Land League;* M. Forster, le secrétaire en chef d'Irlande, était au bout de son rouleau administratif et parlementaire. Les collisions de cet homme d'État irascible avec Parnell et ses lieutenants devenaient un des spectacles les plus courus de Londres. L'impatience et l'irritation qui l'avaient gagné gagnèrent

M. Gladstone. Et un beau jour qu'on parlait d'obstruction, le vieux chef libéral déclare publiquement qu'il était âgé et que Parnell était jeune, mais que, si on voulait continuer ce jeu-là, Parnell aurait à s'en repentir. La menace ne disait rien de bon; c'était l'éclair qui annonçait une prochaine tempête.

Cependant la tempête ne devait pas éclater tout de suite. Les vacances parlementaires arrivaient. Parnell en profita pour parcourir l'Irlande d'un bout à l'autre. Et ce fut une série d'ovations, de démonstrations enthousiastes. La réception de Cork, dont Parnell était le représentant, dépassa tout ce qu'on peut imaginer, comme ardeur d'enthousiasme, comme hommage de fidélité et d'affection. Ce n'était plus un député qui visitait ses électeurs et ses compatriotes, mais le « roi sans couronne » sur lequel reposaient toutes les tendresses, toutes les espérances de la patrie. Jamais, depuis O'Connell, l'Irlande n'avait été si joyeusement dans la main d'un homme. Et cet homme, par son amour de son pays, par son intrépidité, son sang-froid et son incomparable énergie, paraissait de taille à achever l'œuvre de la délivrance. Les violents eux-mêmes, dont le parti a toujours existé en Irlande, se sentaient noyés dans ce vaste mouvement national, dont le chef promettait au pays une victoire pacifique, conquise par une agitation constitutionnelle. Mais ils ne voulurent pas se laisser effacer sans résistance. Il faut lire dans O'Connor comment, au milieu des triomphantes manifestations de Cork, ils complotèrent un coup de force contre Parnell et ses amis. Parnell avait été averti de leurs projets; cependant il ne voulut rien changer au programme de la journée. Et nul ne se serait douté que cet homme qui, sans armes et sans escorte, acceptait d'un air joyeux et tranquille les enivrantes ovations de ses compatriotes, cheminait au milieu d'un complot dont il savait les auteurs tout près de lui et décidés à une tentative désespérée et meurtrière peut-être. Nous ne savons pourquoi le complot avorta. Les organisateurs avaient sans doute mal pris leurs mesures. Le projet de coup de main tourna à leur confusion; leurs chefs eurent une chaude altercation avec des partisans de Parnell qui, les ayant reconnus, les firent sortir des voitures de la « procession ». Et tout se borna, paraît-il, à un incident un peu vif, mais tout de suite noyé dans les acclamations universelles. Un an plus tard, les violents devaient reparaître dans la scène tragique de *Phœnix Park*.

Quant à Parnell, il comprit là, pour la première fois peut-être, l'immense force dont il pouvait désormais disposer. Le peuple qui l'acclamait avec transport était fier de ce chef, qui se montrait à lui avec le calme et la beauté d'une statue grecque et qui, au milieu de cet enivrement sans pareil, gardait la simple et joyeuse attitude d'un homme heureux d'avoir tant d'amis. Cette attitude n'était pas feinte. Le Parnell de ce temps-là était modeste. Il ne s'attendait pas à ce débordement d'enthousiasme. On aurait pu l'entendre dire à son plus proche voisin et collègue : « N'est-ce pas chose extraordinaire. Un empereur serait fier de cela ». Et la phrase était dite du ton simple et modeste d'un homme qui songeait, non à la grandeur de la démonstration, mais au manque de proportion à son avis entre les services rendus et la reconnaissance dont on les payait.

Il ne fallait rien moins que la force et la solidité du pacte désormais conclu entre Parnell et l'âme même de l'Irlande, pour décider le chef irlandais à s'engager plus résolument dans la voie hardie qu'il s'était tracée. Le cabinet Gladstone annonçait la préparation d'un nouveau *bill* agraire. On disait, on promettait que la nouvelle loi donnerait satisfaction aux justes revendications des fermiers; qu'elle accorderait les trois réformes, les trois *F*, la *Fair rent*, le *Free sale*, le *Fixity of tenure* (rente équitable, droit de cession, fixité de tenure). Parnell savait que ces réformes étaient assez importantes pour contenter la majorité des fermiers irlandais; mais il y avait deux choses à considérer. Pouvait-on compter sur la loyale et complète exécution des promesses ministérielles? Était-il sage de séparer la question politique, le rêve national de l'Irlande, de la question agraire, son formidable et irrésistible levier?

Parnell ne le pensa point. Déjà, dans deux discours historiques qui causèrent en Angleterre de violentes fureurs, il avait publiquement exhorté les fermiers « à tenir d'une main ferme leur terre et leurs foyers », et à *boycotter* [1] ceux d'entre eux qui, après une éviction

1. Mettre en quarantaine.

injuste, seraient capables de trahir la cause commune et de prendre la place d'une famille évincée.

Devant les promesses de réforme agraire du cabinet Gladstone, il refusa de désarmer, et voici comment il s'expliqua là-dessus dans une réunion tenue à Galway : « Je désire voir les tenanciers prospères; mais pour vaste et importante que soit la classe des tenanciers qui, avec leurs femmes et leurs familles, constituent la majorité de la population de ce pays, « je n'aurais pas mis habit bas » et je n'aurais pas entrepris ce travail, si je n'avais su que nous jetions la base de la régénération de notre indépendance législative ».

Ainsi donc, au lieu de s'incliner devant le programme du cabinet libéral et de licencier leurs troupes, Parnell et la *Land League* comptaient rester sur le pied de guerre et aller jusqu'au bout de leurs revendications. La déclaration de Galway, répétée par les journaux, eut en Irlande un effet électrique. Une fois de plus, le gouvernement sut que le maître de l'île sœur n'était pas lui, mais Parnell le chef de la *Land League*. Dès lors, on put entrevoir à l'horizon une nouvelle loi de coercition. Parnell ne fut point effrayé de la perspective. N'avait-il pas derrière lui toute une nation, toute l'Irlande unie dans une vaste et universelle agitation?

Ce fut entre le discours de Galway et son emprisonnement, dont nous parlerons tout à l'heure, que je vis Parnell pour la première et dernière fois. Il était venu à Paris pour remercier les journaux français qui avaient témoigné de leurs sympathies envers l'Irlande, pour expliquer le caractère de la lutte engagée par lui contre le gouvernement anglais, pour faire de nouveaux amis à sa cause. Il arriva un jour, sans se faire annoncer, à l'*Univers*. M. James O'Kelly l'accompagnait. On le reçut au petit salon du journal, et je me rappelle encore, avec une grande netteté, les moindres détails de l'entrevue.

Après les présentations, qui furent vite faites, on entra en matière. Parnell était assis sur le coin d'un petit canapé, un peu bas pour un homme de sa taille, à gauche de la cheminée. M. O'Kelly avait pris un fauteuil à droite. C'était lui qui était l'orateur en cette circonstance. Cependant Parnell nous avait dit en quelques phrases qui trahissaient son inexpérience de la langue française, le but de sa visite. Il venait remercier le journal de sa sympathie pour l'Irlande. Il venait chercher dans la presse française, indépendamment de tout parti, un appui, un concours, dont sa cause calomniée dans la presse anglaise, avait besoin. Puis il sembla passer la parole à M. O'Kelly, qui nous raconta qu'il avait été rédacteur du *New-York Herald*, qu'il avait été, en cette qualité, le premier journaliste à *interviewer* M. Rochefort après son évasion de Nouméa, que cela avait créé des relations entre lui et le directeur de l'*Intransigeant*, et, qu'en arrivant à Paris il avait conduit Parnell à ce journal. Cela était dit pour nous expliquer que la cause de l'Irlande, promenée avec fracas dans les bureaux de l'*Intransigeant*, n'était point devenue indigne de la sympathie des catholiques, et Dieu sait pourtant le parti que la presse anglaise tirait de ce regrettable compagnonnage. M. O'Kelly avait un titre plus sérieux à notre sympathie. Il s'était battu pour la France en 1870. Sur sa diplomatie et son langage, je le jugeai républicain à l'américaine, indifférent aux querelles du vieux monde et avec cela parfait bon garçon. Aujourd'hui que j'ai lu diverses choses de lui [1] et que je le vois encore dans la queue parnelliste, je rabattrais peut-être sur son « bon garçonnisme ». D'ailleurs il m'intéressait peu à côté de Parnell, que j'étudiais ardemment et en qui je voyais, comme on l'a dit, « le moins agité des agitateurs ». Les journaux illustrés ont depuis longtemps familiarisé le public français avec les traits du champion de l'Irlande. On connaît cette tête d'une si grande pureté de lignes, cette physionomie froide et calme. Ce que la gravure ne pouvait rendre, c'était cet air de force et de résolution qui se dégageait du personnage, quand sa voix nette et grave l'animait

1. Je reverrai peut-être un jour M. O'Kelly et je lui dirai : « Tout va bien en Irlande. Le malheur est que vous ne vouliez pas admettre la sagesse et la justice des orangistes qui vous gouvernent admirablement malgré vous ». Il protestera, il s'indignera sans doute. « Tiens, répondrai-je, mais j'ai lu de vous un article où en louant les manœuvres de l'armée française, vous blâmez les conservateurs français de ne point admirer les services du parti républicain. Nos jacobins n'ont pas inventé l'armée. Et pour le reste ce sont nos orangistes. Ils outragent la Patrie dans le passé. Dans le présent et l'avenir, ils veulent la gouverner au profit des francs-maçons ». M. O'Kelly est intelligent. Il comprendra. Et il admettra peut-être, lui qui n'aime pas ses orangistes, que nous n'aimions pas les nôtres.

un peu, quand son œil qui, au repos, semblait toujours rêver d'une lointaine vision, dardait tout à coup sur vous un rapide et fauve éclair. Celui-là était véritablement un chef, un meneur d'hommes. C'était Samson avant Dalila.

Je ne sais quelle impression Parnell emporta de sa visite au journal « papiste ». Il me sembla que sous son maintien grave et réservé passait un air visible de contentement. Pour moi, il me fit l'impression d'un homme ardemment dévoué à la tâche qu'il avait entreprise, doué d'un froid et indomptable courage, et décidé à poursuivre, avec une résolution implacable, la guerre qu'il faisait au régime anglais. Sans doute, j'aurais mieux aimé un O'Connell. Mais il exerçait aussi un charme étrange ce gentilhomme protestant qui, chargé de la cause catholique irlandaise, semblait alors si digne de sa mission. Il veut sauver l'Irlande, pensions-nous, et il ne voit pas que la nation martyre le sauvera lui-même, en l'arrachant à la religion de l'orangisme comme elle a déjà commencé, et comme elle finira d'y arracher l'Angleterre elle-même !

Un incident de ce voyage de Parnell en France mérite d'être signalé ici. Victor Hugo vivait alors, et M. Rochefort que le poète appelait « mon fils » avait cru pouvoir promettre aux délégués de l'Irlande, l'intervention de ce grand homme en faveur des Irlandais contre l'Angleterre. Mais, si M. Hugo consentit à recevoir Parnell et son collègue O'Kelly, on ne put obtenir de lui la moindre manifestation en prose ou en vers. Il s'était informé. Il y avait trop de « curés » dans l'affaire. L'immense poète qui profitait de chaque crime politique pour adresser aux souverains d'Europe des dithyrambes humanitaires et de pompeux appels à la clémence en faveur d'assassins, se garda bien d'écrire un mot en faveur de l'Irlande affamée et opprimée.

Et c'est la preuve que tout n'était pas grand chez ce grand homme. Je crois d'ailleurs pouvoir fournir l'explication du silence de M. Hugo. Le journal le *Rappel* était l'antichambre du salon de M. Hugo. Et il y avait là, un correspondant et ami de M. Vacquerie, l'amiral anglais Maxse, qui, radical en Angleterre, révolutionnaire en France, déclarait qu'admettre le *Home Rule* pour l'Irlande, c'était trahir les principes de la Révolution française et faire cadeau aux Irlandais des horreurs cléricales du Moyen Age. La « grande Marmaille du *Rappel* »[1], influencée par l'amiral Maxse, ne manqua pas d'influencer Victor Hugo. Et c'est ainsi que les petites causes produisent les grands effets.

1. C'est Louis Veuillot qui a, pour la postérité, caractérisé de ce trait de maître la physionomie gamine et solennelle tout ensemble du rédacteur en chef du *Rappel*. On sait que M. Auguste Vacquerie, dans un accès de poésie, s'était lui-même représenté comme l'enfant de chœur du grand-prêtre Hugo, officiant devant l'Éternel.... à l'autel de la Nature !!

CHAPITRE V.

Nouvelle coercition. — Résistance de Parnell et du parti irlandais. — La grande séance d'obstruction. — Une lutte de 41 heures. — Arrestation de Davitt. — Violentes scènes à la Chambre des Communes. — Expulsion de Parnell et de ses partisans. — Menaces de Gladstone. — Réponse de Parnell. — Son emprisonnement. — Traité de Kilmainham. — Crime de Phœnix Park. — Désespoir de Parnell. — Nouvelle coercition. — Chute de Gladstone. — Parnell avec les *tories*. — Ouvertures des *tories*. — Conditions de Parnell. — Rupture et élections générales. — Victoire. — Parnell, maître de l'Angleterre.

Mais il nous faut retourner à Londres, où la session de 1881 avait commencé pour l'Irlande sous les plus tristes auspices. Le discours du Trône annonçait, en effet, un projet de loi de coercition et, tout de suite, Parnell et ses amis répondirent à cette déclaration par des amendements dont la discussion passionnée devait retarder le plus possible le dépôt du projet de loi. La session s'était ouverte le 6 janvier ; ce fut seulement le 24 que M. Forster, le secrétaire en chef d'Irlande, put proposer son projet de coercition. La chose ne constituait qu'une opération préliminaire, prolongée par la résistance acharnée des parnellistes jusqu'au lundi 31 janvier. Ce soir-là, M. Gladstone prit la parole pour annoncer que la première étape devait être achevée cette séance même. L'attitude et le ton du premier ministre promettaient un orage, et on le comprit bien ainsi. Ministériels et conservateurs applaudirent avec fureur pendant que le parti irlandais s'unissait dans une vigoureuse protestation de défi. Les parnellistes n'étaient pourtant qu'une trentaine, M. Shaw et ses partisans ayant passé avec armes et bagages dans le camp ministériel. Mais par comparaison avec la demi-douzaine de fidèles qu'il avait comptés dans le précédent Parlement, cette trentaine de partisans faisait à Parnell une véritable armée. La bataille pouvait s'engager. Elle s'engagea. Toute la nuit du lundi, toute la journée du mardi, toute la nuit du mardi, le parti irlandais tint bon, dépensant en cette unique séance, plus de vigueur et de talent qu'il n'en fallait pour alimenter Westminster pendant un mois. Ce fut même alors que M. Thomas Sexton prononça deux des beaux discours qui l'ont mis au premier rang des orateurs du Parlement britannique. En vain les « relais » succédaient aux « relais », en vain le *Speaker* se faisait remplacer par le « Président des commissions », en vain les tories avaient plusieurs fois demandé soit au Président, soit au *Speaker*, de mettre à la raison ces obstructionnistes pervers, qui voulaient empêcher le gouvernement de bâillonner leur patrie, la phalange de Parnell ne faisait point mine de capituler.

On arriva ainsi jusqu'au mercredi matin. Vers huit heures, M. Sexton, qui venait de prononcer un superbe discours... de trois heures, qu'un ministre d'alors proclama un chef-d'œuvre, fut averti qu'il y aurait « quelque chose » à neuf heures. Et, en effet, sur le coup de neuf heures, le *Speaker*, qui venait de se reposer, reparut au fauteuil occupé par le Président des Commissions, pendant que dans la salle le premier ministre, M. Gladstone, faisait sa rentrée accompagné de sir Stafford Northcote, le chef de l'opposition. Les ministériels, les membres de l'opposition, éclatèrent en *hurrahs*, qui annonçaient évidemment une manœuvre concertée. Effectivement, le *Speaker*, dont le visage avait revêtu pour la circonstance un grand air de résolution, refusa de *voir* [1] M. Biggar, qui, selon l'usage, avait repris son siège à l'entrée du *Speaker*, mais qui, l'étiquette satisfaite, prétendait bien continuer son discours.

Puis il donna lecture d'une déclaration par laquelle il signifiait la clôture de la discussion sur la présentation du projet de loi. De nouveau, libéraux et *tories* font entendre des *hurrahs* et se livrent à des démonstrations forcenées contre les Irlandais surpris, d'autant plus que Parnell, sorti pour se reposer un instant, n'est pas encore revenu.

Cependant, le *Speaker* consulte la Chambre. Il s'agit de savoir si elle mettra aux voix la motion de M. Forster, ou l'amendement irlandais qui propose le rejet de la motion. On

1. En France on obtient la parole. Au Parlement anglais on « attire l'œil du *Speaker* », *One must catch the Speaker's eye.*

ferme les portes. Il ne reste plus aux Irlandais qu'à prendre part au scrutin, à la division, comme on dit chez nos voisins. Naturellement, la motion ministérielle triomphe à une énorme majorité. Alors le *Speaker* veut mettre aux voix la motion elle-même. En vain M. Mac Carthy, vice-président du parti irlandais essaie, au milieu d'assourdissantes interruptions, de faire entendre une protestation, le *Speaker* continue tranquillement sa besogne. A ce coup, les Irlandais refusent de participer à un second vote. Un d'eux, puis plusieurs, puis tous se lèvent, le poing tendu, le visage enflammé, poussant de tous leurs poumons, la clameur de *haro* des Parlements anglais, *Privilege! Privilege!* La scène que présente alors la Chambre des Communes et telle que nous la trouvons décrite dans les comptes rendus de l'époque est extraordinaire. Aux protestations des Irlandais, ministériels et conservateurs répondent par des clameurs de triomphe. Le *Speaker* reste debout, immobile et muet.

M. Gladstone, le premier ministre, apparaît visiblement troublé et très pâle.

Enfin, la phalange parnelliste, après une rapide consultation, prend un grand parti.

Ayant en tête son vice-président, M. Mac Carthy, elle quitte la Chambre sans oublier de s'incliner gravement devant le *Speaker*.

Le gouvernement est maître du terrain. La motion de M. Forster est adoptée à l'unanimité, et le secrétaire en chef d'Irlande dépose son *bill* de coercition.

La séance avait duré 41 heures.

A peine réunie en conférence, après cette lutte émouvante, la phalange parnelliste fut rejointe par son chef, accouru à son appel. De pareilles scènes, où le gouvernement ne triomphait qu'à la force des poings, ne signifiaient rien de bon pour le régime britannique, pour le ministère. Elles surexcitaient, sans doute, la population de Londres contre les Irlandais, mais cette surexcitation avait un caractère peu glorieux. Elles montraient d'ailleurs, à Parnell, la valeur de son arme, et il était décidé à l'enfoncer jusqu'à la garde. Ce fut donc avec confiance qu'il exhorta ses collègues à la continuation de la bataille. L'Irlande les suivait avec un redoublement d'affection et d'enthousiasme; l'Angleterre allait voir que les temps étaient changés.

De son côté, le ministère anglais entendait

avoir le dernier mot. Deux jours après la fameuse séance, Michel Davitt, que sa libération conditionnelle avait laissé à la merci du gouvernement, était arrêté, et son emprisonnement qui, en Irlande, portait l'agitation à son comble, amenait au Parlement une séance plus émouvante encore que celle dont nous venons de résumer les principaux incidents.

La nouvelle était arrivée à Londres un jeudi, un peu en avant la réunion du Parlement. A peine entrait-on en séance, que Parnell se levait et demandait, s'il était vrai que M. Davitt eût été arrêté. « Oui, monsieur », répondit un des ministres, et cette réponse brutale soulevait, parmi les ministériels et les conservateurs, un tonnerre de *hurrahs*.

Tout de suite après, M. Gladstone proposa les nouveaux règlements d'urgence. Mais, en même temps que le premier ministre, M. Dillon, le lieutenant de Parnell, s'était levé et en dépit du *Speaker*, qui lui ordonnait de s'asseoir, de la majorité qui protestait avec fureur, demandait tranquillement à parler sur l'ordre du jour. Le *Speaker*, refusant de le laisser parler, M. Dillon se croisa les bras et attendit. Il n'attendit pas longtemps. Le *Speaker* le nomma et sa suspension fut votée en un tour de main. Mais, sommé de se retirer, M. Dillon refusa. On fit venir le sergent d'armes qui, accompagné des officiers de la Chambre, invita le député irlandais à sortir. Nouveau refus de M. Dillon. Le sergent d'armes le toucha à l'épaule, sur quoi M. Dillon dit qu'il cédait à la force et se retira.

L'incident clos, M. Gladstone, de nouveau, se leva. Mais en même temps que le premier ministre, quelqu'un s'était dressé dans la Chambre. C'était Parnell qui, froidement, présenta une motion, par laquelle il demandait que le très honorable *gentleman* ne fût pas entendu. M. Gladstone avait naguère employé ce moyen contre M. Biggar. Mais de la part de Parnell, vis-à-vis du premier ministre, le procédé était énorme et le *Speaker* menaça Parnell de le suspendre, s'il continuait.

M. Gladstone se relève. Parnell se relève aussi. C'en était trop. Le *Speaker* déclare que le député de Cork se livre à une manœuvre caractérisée d'obstruction, et demande à la Chambre de voter sur la suspension de Parnell. Mais les députés parnellistes refusent de prendre part à la « division » pour laquelle il faut sortir et rentrer par les couloirs. En vain, le *Speaker* les menace de ses sévérités. Très courtoisement les Irlandais restés seuls en face du *Speaker*, lui répondent qu'ils contestent la légalité du procédé et ne bougent pas. La division a donc lieu sans eux; la suspension de Parnell est votée. Mais le chef irlandais déclare qu'il ne cédera qu'à la force. Un nouvel appel est fait aux officiers de la Chambre et au sergent d'armes, qui, comme pour M. Dillon, touche Parnell à l'épaule. Celui-ci descend alors de son siège, s'incline froidement devant le *Speaker*, et sort la tête haute au milieu des *hurrahs* des parnellistes.

M. Gladstone pourra peut-être reprendre la parole; il se lève, recommence la fameuse phrase trois fois interrompue. Mais déjà un autre député irlandais est debout et reprend la motion de Parnell. Une fois de plus, un vote de suspension est requis; une fois de plus, les parnellistes refusent de prendre part à la « division ». Alors le *Speaker* et les « clercs » de la Chambre ont recours aux grands moyens. C'est en masse que l'on prend les noms des « contumaces », c'est en masse que l'on propose la suspension des parnellistes, c'est en masse que la suspension est votée, et, les uns après les autres, vingt sept députés font leur sortie, ceux-ci avec une précipitation fiévreuse, ceux-là avec lenteur et gravité, et en saluant longuement le *Speaker*. Seuls quelques membres du parti *tory* s'amusaient de cette scène inouïe dans les fastes du Parlement. Grave et préoccupé, le premier ministre Gladstone semblait se dire qu'il ne s'agissait point là d'une simple querelle de majorité à minorité, mais de l'éternelle et indomptable protestation de l'Irlande, qui désormais dominait toute chose, sous les voûtes étonnées de Westminster, et que l'expulsion et la coercition n'auraient point raison de tant d'énergie et d'enthousiasme.

Quand le ministère Gladstone eut donné à l'Irlande cette nouvelle loi de coercition, il songea à mélanger sa rigueur d'une concession promise et annoncée, d'ailleurs, depuis longtemps, comme on l'a vu. Il proposa un nouveau *bill* agraire dont la portée dépassait de beaucoup tout ce qui avait été accordé jusqu'alors aux Irlandais, Les trois F, les trois réformes capitales, y étaient comprises. Des tribunaux agraires étaient institués pour étudier et fixer les rapports de *landlords* à tenanciers. Mais, avec la *Land League*, Parnell voulait davantage. Il montrait que le *bill*, statuant pour le présent et l'avenir, laissait en dehors de son application un vaste nombre de tenanciers qui, écrasés d'arriérés, ne pourraient point profiter de ses avantages. En outre, il réclamait ce qu'on appelle en Angleterre le *peasant proprietary*, c'est-à-dire la création de la petite propriété rurale, dont le principe est aujourd'hui appliqué par le ministère Salisbury. Alors c'était trop demander au Parlement, et Parnell fut pour l'abstention. Il continua donc à harceler le gouvernement. Et la *Land League*, plus puissante que jamais, malgré la coercition, était le véritable gouvernement de l'Irlande. Et les emprisonnements que M. Forster multipliait, grâce à son *bill* de coercition, au lieu de calmer la formidable agitation, semblaient lui donner une nouvelle recrudescence. Cela ne pouvait durer ainsi et quand arrivèrent les vacances, quand Parnell et ses lieutenants se mirent à parcourir l'Irlande à travers une série de manifestations triomphales, la presse ne tarda pas à leur apporter de nouvelles menaces. M. Gladstone, parlant à Leeds, attaqua personnellement Parnell et prononça la phrase fameuse où il annonçait que « les ressources de la civilisation contre ses ennemis n'étaient pas encore épuisées ». Mais s'il avait cru intimider son adversaire, il était loin de compte. Parnell lui répondit par une philippique véhémente où il prenait personnellement à partie « le libéralisme de carnaval » du premier ministre anglais. Et le lendemain à un banquet, il ajouta que pour lui l'Irlande aurait encore à connaître des jours d'affliction avant d'atteindre la terre promise.

Le jour suivant, Parnell était arrêté dans son hôtel à Dublin et était emprisonné dans la prison de Kilmainham; c'était la ressource de la civilisation annoncée par M. Gladstone, et Parnell ne laissait pas d'y être préparé; car, quelque temps auparavant, il disait à un ami qui lui faisait visite à Avondale et qui le félicitait sur sa bonne mine : « Oui, je suis tout à fait à la hauteur de cinq ans de servitude pénale de Forster ». Et son dernier mot à un journaliste, qui le visita dans sa prison, après son arrestation, fut : « Si je suis bientôt relâché, ce sera une preuve que le peuple n'aura pas rempli son devoir ».

Le gouvernement avait pris ses précautions pour que l'arrestation de Parnell eût lieu sans désordre et sans fracas. Parnell s'y prêta de très bonne grâce. Mais dès que la nouvelle fut connue à Dublin, elle courut comme une traînée de poudre. Partout les populations multipliaient les manifestations de leur indignation et de leur deuil.

Quant à Parnell, après avoir, à regret, dit-on, signé avec ses collègues emprisonnés le fameux manifeste qui conseillait aux fermiers de suspendre partout le paiement de leurs loyers, manifeste que les évêques devaient blâmer et qui devait échouer, il attendit avec confiance l'heure de la revanche. Elle vint vite et fut aussi complète qu'il pouvait le désirer. L'Irlande frémissait d'un bout à l'autre sous la loi de coercition, les arrestations, les emprisonnements se multipliaient; malgré la police et les renforts de troupes, l'agitation grandissait; les « violents » en Irlande et aux États-Unis semblaient devoir rentrer en scène; on parlait partout de leurs projets désespérés. Londres avait des paniques de dynamite. Et c'était le parti libéral qui gouvernait ainsi l'Irlande avec une « poigne » et une vigueur qui, même aux *tories*, paraissaient à certains jours un peu exagérées. La chose ne pouvait durer. Le libéralisme anglais se déshonorait. Ce ne fut qu'un accès de colère; les radicaux, M. Chamberlain en tête, s'employèrent à le calmer. M. Gladstone capitula et accorda à Parnell le « traité » de Kilmainham, qui consacrait pour le chef irlandais une victoire complète; on renonçait à la coercition, on promettait un *bill* destiné à régler la grosse question des arrérages de rente. Enfin, on sacrifiait sur l'autel de la réconciliation le secrétaire en chef, M. Forster, l'âme et l'instrument de la politique de coercition.

Quand Parnell, sorti de Kilmainham au milieu des démonstrations délirantes de l'Irlande, fit sa rentrée à Westminster, ce fut pour entendre M. Forster expliquer sa « démission » et reprocher à ses collègues de livrer l'Irlande et le sort de l'empire à M. Parnell, car, pour lui, signer un compromis avec M. Parnell, c'était trahir l'honneur et l'intégrité du royaume. C'est dans ce discours historique que M. Forster compara Parnell au comte de Kildare, dont un roi Tudor avait dit jadis : « Si toute l'Irlande ne peut gouverner le comte de Kildare, que le comte de Kildare alors gouverne l'Irlande ».

Et cependant le « comte de Kildare » approchait de la catastrophe où la cause du *Home Rule* faillit sombrer, de l'horrible tragédie de *Phœnix Park*.

Pour exécuter le pacte de Kilmainham, pour donner à l'Irlande un gage de sa bonne volonté, M. Gladstone avait nommé, comme secrétaire en chef d'Irlande, lord Frederick Cavendish, un de ses amis particuliers, le frère cadet de lord Hartington. Et lord Cavendish venait d'arriver à Dublin avec un programme nouveau. Mais les révolutionnaires, dont nous avons vu la tentative de coup de force échouer à Cork, ne furent point contents de la tournure que prenaient les choses. La coercition n'avait point empêché le développement de leur secrète et malfaisante organisation, au contraire! Et alors que l'Irlande tout entière se livrait aux joies et aux espérances de l'ère nouvelle, Parnell, venant à la rencontre de Davitt rendu à la liberté, apprenait soudain le terrible drame de *Phœnix Park*, la mort de lord Cavendish et de son sous-secrétaire, M. Burke, traîtreusement assassinés par les « Invincibles » de Carey.

Il n'est pas nécessaire de rappeler l'horreur et la consternation où ce crime odieux plongea l'Irlande, l'indignation et la fureur qu'il souleva dans toute l'Angleterre, la stupéfaction qu'il causa dans le monde entier.

Parnell fut tellement bouleversé qu'il annonça immédiatement son intention de se retirer de la politique. On le fit revenir sur cette décision. Néanmoins, il écrivit à M. Gladstone une lettre privée où il lui disait qu'il était prêt à quitter la vie publique, si le premier ministre jugeait la chose de nature à lui faciliter le règlement de la question irlandaise. En attendant, il signa, avec MM. John Dillon et Davitt, un manifeste où, en termes d'une chaleureuse émotion, il dénonçait les criminels qui, par ce crime odieux, avaient détruit les espérances de l'Irlande, anéanti le fruit de ses efforts, cherché à déshonorer une noble et juste cause.

Il ne pouvait faire davantage, et c'était encore trop peu pour donner satisfaction à l'opinion anglaise que seule la mort politique de Parnell aurait pu satisfaire, et que le crime de

Phœnix Park avait jetée dans une crise nouvelle d'*irlandophobie*. Le cabinet Gladstone se vit obligé, à regret peut-être, de céder à cette pression des préjugés nationaux. Un BILL de coercition, encore plus rigoureux que le précédent, fut présenté aux Chambres. On supprima la *Land League*, que Parnell ne tarda pas à ressusciter sous le nom de *Ligue nationale*. Une fois de plus, l'Irlande, que la politique anglaise voulut rendre responsable de l'attentat d'une petite bande de criminels, était traitée sans justice, et le parti irlandais était forcément rejeté dans une guerre à mort contre le cabinet libéral. Le duel dura jusqu'au 8 juin 1885. Ce jour-là, dans une discussion de budget, la coalition des Irlandais avec le parti *tory* renversa le ministère Gladstone. La victoire à laquelle Parnell travaillait avec acharnement depuis quatre ans fut saluée par les acclamations réunies des Irlandais et des *tories*. « C'est une des scènes les plus folles que la Chambre des Communes ait jamais vues », écrivait le lendemain un journal de Londres. Et pour la postérité, il photographiait lord Randolph Churchill, le second personnage alors du parti *tory* en influence et en talent, grimpant sur son siège, agitant frénétiquement son chapeau et encourageant ses voisins aux plus extravagantes démonstrations. Un autre détail de cette mémorable séance mérite d'être fixé. Il nous montre M. Gladstone, calme au milieu de ce vacarme frénétique, rédigeant sa dépêche de démission à la reine et disant à son premier *whip*, lord Grosvenor, son ami particulier, qui avait mal dirigé les opérations du scrutin : « Je pardonne; au revoir ».

Brusquement appelés au pouvoir, les *tories* constituèrent, sous la conduite de lord Salisbury, un ministère d'affaires. Car ils ne pouvaient gouverner sans les votes des Irlandais. Une sorte de trêve fut donc conclue, et le parti *tory* montra qu'il n'aurait pas été fâché de transformer cette trêve en alliance sérieuse. Lord Carnarvon, l'ancien ministre des colonies de Disraëli, et l'homme d'État *tory* qui montrait le plus de sympathie pour les Irlandais, fut chargé du gouvernement vice-royal de l'île sœur. Il fit en son nom personnel, à ce qu'on assure, des ouvertures à Parnell. Il s'agissait de savoir à quelles conditions le parti irlandais consentirait au désarmement, à un traité de paix définitif. Parnell ne réclamait rien de moins que le *Home Rule*. Le gouvernement *tory*, en matière de réforme politique, administrative et agraire, voulait étudier tout, pour accorder tout, excepté le *Home Rule*. Une rupture était fatale.

A la vérité, lord Salisbury a toujours déclaré qu'il avait été étranger aux négociations de son vice-roi avec Parnell, et que son cabinet n'avait chargé lord Carnarvon d'aucune mission à cet égard. Lord Carnarvon lui-même a reconnu publiquement qu'il avait agi sous sa propre inspiration. Ce sont là finesses de diplomates. Parnell, lui, a toujours soutenu, contre lord Salisbury, qu'en négociant avec le vice-roi, il avait négocié avec le représentant du gouvernement de la reine en Irlande, et qu'il n'avait point vu en lord Carnarvon un diplomate amateur. Il n'est pas facile de croire qu'un homme d'État sérieux comme le vice-roi d'Irlande aurait fait à Parnell des propositions de ce genre, s'il avait été sûr d'être désavoué par ses chefs. Ce qui est vrai, sans doute, c'est que lord Carnarvon a voulu garder pour lui seul la responsabilité de son initiative et de son échec.

Mais, nous l'avons dit, la rupture était inévitable. Elle fut complète, et quand, cette année même, éclata la crise des élections générales, l'Irlande se jeta dans la bataille avec un élan qui emporta tout. Les *whigs* ou partisans des libéraux anglais furent balayés. Le *torysme* retranché dans l'orangiste Ulster ne put même pas garder la moitié de la représentation de cette province, la dernière forteresse de la suprématie. Sur trente deux représentants, les électeurs d'Ulster donnèrent à Parnell dix sept partisans. Partout ailleurs les partis anglais étaient battus, anéantis. Parnell entrait au Parlement nouveau avec un groupe de quatre vingt cinq fidèles. Il devenait l'arbitre des partis anglais. « M. Parnell, s'écriait la *Pall Mall Gazette*, est aujourd'hui maître de l'Angleterre ». Et le fait est, qu'avec l'écart ordinaire des voix qui existe entre *whigs* et *tories*, le parti irlandais pouvait désormais porter la victoire du côté où il irait. Avec les Irlandais, le parti libéral avait sur les *tories* une majorité de cent soixante dix voix. Et les *tories*, en obtenant l'appoint du vote irlandais, devaient former une petite majorité insuffisante peut-être pour gouverner, mais suffisante pour culbuter le cabinet libéral au premier choc.

M. Gladstone, rappelé au pouvoir, se rendit

compte de la situation. Je ne dirai pas, comme ses adversaires du parti *tory*, qu'il se résigna à courtiser Parnell quand il vit dans cette alliance un moyen de prolonger son bail avec le pouvoir. La carrière de M. Gladstone ne justifie pas cette accusation. Il avait depuis longtemps montré envers l'Irlande une réelle sympathie. Le premier, parmi les hommes d'État anglais, il avait franchement abordé la solution du terrible problème posé en Irlande par la conquête et la politique de l'Angleterre. Le premier, il a généreusement porté la hache sur l'arbre monstrueux de la suprématie, planté par le protestantisme dans l'île de saint Patrice, et l'arbre a été abattu pour toujours. Nul homme d'État anglais enfin n'a plus étudié le caractère et la mission de Daniel O'Connell, et n'a mieux dit le respect et la sympathie que devait inspirer le grand tribun catholique irlandais.

Il n'est point d'ailleurs défendu à un homme d'État de voir les choses par le côté pratique. On doit louer M. Gladstone d'avoir compris et proclamé qu'à moins de recourir obstinément, au nom du libéralisme anglais, à la violence et à la persécution, il n'y avait plus moyen de résoudre la question d'Irlande ; que pour se débarrasser de « ce bloc barrant le chemin » il fallait donner satisfaction à la nation irlandaise.

CHAPITRE VI.

Le *Home Rule bill*. — Fureur des *tories*. — Schisme des libéraux unionistes. — Dissolution. — Victoire de lord Salisbury. — Le *Times* contre Parnell. — Les fausses lettres. — La souscription de Parnell. — La mission Persico. — La Commission royale et spéciale. — Intérêt excité en Angleterre par le procès. — Le « Sac » de Parnell. — Master Pigott. — Déconfiture du *Times*. — Ses excuses. — Discours de sir Charles Russell. — Parnell plante là la Commission. — Démonstrations en l'honneur de Parnell. — Le mot d'un ennemi. — L'œuvre accomplie. — Parnell à Hawarden.

Parnell s'attendait aux avances du parti libéral et de M. Gladstone. Il les accueillit comme un homme qui, au nom de son pays, entendait traiter d'égal à égal, de puissance à puissance, et qui voulait un libre contrat hautement consenti, non une transaction de hasard conclue au petit bonheur. Du reste M. Gladstone ne comptait point faire les choses à moitié. Parnell fut consulté sur la teneur du projet de *Home Rule,* du fameux BILL que le cabinet proposa à la Chambre des Communes à cette mémorable session de 1886. Aussi le chef irlandais le défendit avec autant d'acharnement contre les attaques des ennemis que contre les critiques de détail des amis. « Celui-là est le BILL qu'il nous faut », s'écriait-il un jour dans une réunion de ses collègues d'Irlande, et à ce propos un historien observe que sa *paternité* était plus jalouse que celle de M. Gladstone. Car le premier ministre admettait au moins des critiques de détail.

Mais, par cela même qu'il donnait satisfaction à Parnell, le BILL parut, au parti *tory,* l'abomination de la désolation. Lord Salisbury et ses partisans firent un bruit terrible. Ils crièrent bien haut que M. Gladstone abandonnait les traditions et les intérêts de l'Angleterre, qu'il la conduisait à la séparation, au morcellement, à la destruction, qu'il livrait le sort de l'empire britannique à ses pires ennemis.

Tout ce tapage répercuté et exagéré par la presse, ne laissait pas d'inquiéter l'opinion anglaise qui, en règle générale, n'est point tendre aux Irlandais. Il n'y avait pas là, cependant, de quoi ébranler sérieusement le cabinet Gladstone. Ce qui détermina la crise, ce fut le schisme des *unionistes*, qui coupa le parti libéral en deux. M. Gladstone avait autour de lui des partisans et même des lieutenants, qui voulaient bien que l'*Union du requin* avec sa proie, suivant la vieille expression de lord Byron, fût modifiée et adoucie, mais qui entendaient que l'Union fût maintenue à tout prix. A leur tête, on comptait lord Hartington, l'ancien *alter ego* de M. Gladstone, qui ne pardonnait pas à l'Irlande le crime des *Invincibles*, dont son frère, lord Cavendish, avait été la victime, John Bright qui cependant avait dans un discours célèbre appelé l'*acte d'Union*, un « acte frauduleux », et M. Chamberlain le radical de Birmingham qui avait été plus loin que personne dans la revendication des libertés de l'Irlande, mais qui, en se brouillant avec les députés irlandais, s'était brouillé avec son ancienne politique. Derrière eux et quelques autres personnalités de moindre envergure, comme par exemple, M. Goschen, le Chancelier de l'Échiquier actuel, se rangea la phalange libérale « unioniste », forte de plus de quatre vingts voix.

C'en était assez pour assurer le rejet du BILL. M. Gladstone dut alors faire un nouvel appel au pays. Les électeurs avaient été désorientés par la violence et la soudaineté de la crise. Les libéraux dissidents furent réélus et lord Salisbury reprit le pouvoir et commença tout de suite à appliquer en Irlande la « politique résolue », qu'il avait annoncée dans un discours fameux.

Mais le gros des forces libérales était resté fidèle à M. Gladstone. Si des lieutenants l'avaient déserté, d'autres, et non des moins remarquables, se serraient autour de lui. C'était, pour n'en citer que quelques-uns, à la Chambre des Lords : lord Granville, lord Spencer, lord Ripon ; à la Chambre des Communes : M. Morley, sir William Harcourt, M. Childers.

Enfin, Parnell était revenu des élections, avec sa phalange intacte. La victoire qu'il avait remportée contre le parti libéral, devenu maintenant son allié, l'avait encore grandi dans la reconnaissance, dans l'affection, dans l'enthousiaste admiration de ses compatriotes. Jamais, depuis O'Connell, on n'avait vu en Irlande, de puissance morale comparable à celle qu'il y exerçait. C'était là l'ennemi qu'il fallait abattre, la forteresse qu'il fallait démolir. Pour l'Irlande, un BILL de coercition, revu et augmenté, ferait peut-être l'affaire. Pour Parnell, on chercherait, on trouverait du nouveau. Et les alchimistes de la politique d'Union se mirent à l'œuvre.

Le *Times* commença la publication contre les Irlandais d'un pamphlet haineux intitulé : *Le Parnellisme et le crime en Irlande*. Parnell et ses partisans y étaient rendus responsables et même complices, des déclamations, des attentats et des explosions de dynamite où la haine de l'Angleterre avait depuis quelques années entraîné les membres des sociétés secrètes, en Irlande, en Angleterre et aux États-Unis.

Ce n'était pas encore assez. Un beau jour, le *Times* publia à grand fracas le *fac similé* de prétendues lettres adressées par Parnell à des chefs du parti des dynamiteurs et des assassins. La chose causa, naturellement, en Angleterre, une immense émotion. Si hardi, si colossalement riche que fût le *Times*, on ne pouvait croire qu'il se risquât à lancer, publiquement, de pareilles accusations et de pareilles pièces, sans avoir par devers lui des preuves sérieuses. Car la diffamation et la calomnie coûtent cher en Angleterre, où la justice, quand on peut l'aborder, tempère admirablement la liberté de la presse.

Les amis de l'Irlande étaient consternés. Le jour même où le *Times* commença la publication des fameuses lettres, Parnell vint à la Chambre, tranquille et froid, comme à l'ordinaire. Son collègue et ami, M. Sexton, l'éloquent orateur avait la parole. Se glissant à deux ou trois sièges de lui, Parnell lui fit souffler deux ou trois mots, par M. Mac Carthy. Et, avec un rare bonheur d'expression, M. Sexton intercala dans son discours une phrase, où il flétrissait d'un mot véhément, l'impudente manœuvre de faux, qu'on ne craignait pas d'employer vis-à-vis d'un membre du Parlement, parce qu'il était le chef du parti irlandais.

La haine politique n'est pas clairvoyante.

Tout, dans ces fameuses lettres, trahissait une provenance inavouable : leur manque d'orthographe, la vulgarité de leur langage, la maladresse de leur contenu. En les écrivant ou les signant, Parnell eût été, non seulement un misérable, mais le dernier des maladroits. Et certes, les Anglais ne pouvaient prendre pour un maladroit, l'homme qui, au grand jour, leur avait fait une si rude guerre au Parlement.

Mais la majorité et le cabinet *tory* n'étaient point pressés de venger l'honneur d'un adversaire qu'ils exécraient. En vain, les députés irlandais demandèrent-ils que, selon des précédents, ayant force de loi, le directeur du *Times* fût cité à la barre du Parlement pour répondre de son accusation contre un membre de la Chambre des Communes.

Les *tories* déclarèrent que le devoir de Parnell était de poursuivre le *Times* et de prouver son innocence. C'était ajouter la raillerie à l'outrage, car le procès, facile à entamer, paraissait difficile à gagner tout à fait. Parnell savait-il à quelle machination de police et de société secrète il allait se heurter ? Il pouvait affirmer que les lettres étaient des « faux », mais il lui était impossible de *prouver* cela juridiquement. Et le procès, à demi gagné seulement, eût été pour lui et son parti, aussi désastreux qu'un procès perdu. Parnell déclina donc l'invitation des *tories*. En revanche, il proposa à ses adversaires de nommer un comité, dont les membres seraient choisis en majorité parmi ses adversaires de la Chambre. Il comparaîtrait devant ce comité, avec ses accusateurs et il promettait d'accepter le jugement de ses pairs.

Les *tories* déclinèrent à leur tour cette proposition, si raisonnable pourtant. Parnell refusait d'accepter un procès public ; donc on pouvait continuer à le traiter en suspect, en coupable même, et c'était ce qu'il leur fallait.

Les souvenirs de l'époque font aisément revivre les principaux incidents de la guerre déloyale et enragée entreprise alors par tous les tenants de l'*unionisme* contre l'Irlande et les représentants de sa cause.

Le *Times* répétait sous toutes les formes, à tout propos et hors de propos, qu'il maintenait ses accusations contre Parnell, qu'il était prêt à prouver devant la justice l'authenticité des fameuses lettres, que le parti irlandais, que la cause du *Home Rule* avait à sa tête un homme convaincu de complicité avec les dynamiteurs et les assassins. Toute la presse ministérielle se faisait l'écho de ces dénonciations, dont l'injurieuse portée était soulignée par l'attitude et le langage du ministère et de sa majorité.

D'un autre côté, le parti libéral anglais, sans vouloir croire à la culpabilité de Parnell, ne laissait pas d'être gêné de la fausse situation de ses alliés irlandais et des attaques passionnées de la presse ministérielle.

Un incident regrettable vint aggraver les choses. Un député irlandais, O'Donnell, incapable de supporter plus longtemps la campagne d'outrages et de calomnies poursuivie contre son parti, et voulant forcer la main à Parnell, s'affranchit de la discipline imposée par le chef à ses fidèles. Il se jugeait, comme membre du parti irlandais, personnellement atteint dans son honneur. Il entama, à ses risques et périls, le procès qui, ainsi engagé, latéralement et malgré Parnell, sans bases sérieuses, sans aucune chance réelle d'amener les auteurs du complot à se démasquer, devait tourner et tourna au profit du *Times*, retranché derrière ses experts.

Pour le coup, les ministériels crurent avoir cause gagnée. Puisque Parnell n'osait pas se défendre lui-même, c'est qu'il ne le pouvait pas, c'est qu'il était coupable. Et leur assurance s'en accrut encore.

En Irlande, on croyait fermement à l'innocence de Parnell. L'injustice et la férocité dont faisait preuve à son égard la majorité ministérielle y redoublaient l'affection et l'enthousiasme qu'il inspirait aux cœurs irlandais ; mais les ministériels ne désespéraient pas de détruire cette union de l'Irlande, qui faisait sa force. Ils avaient déjà essayé, vainement d'ailleurs, de séparer le clergé de Parnell. Cependant, le dernier mot, d'après eux, n'était pas encore dit. Une association s'était formée sous le nom d'*Union loyale et patriotique*, et où figuraient les orangistes et des catholiques anglais, pour dénoncer au monde les méfaits du « parnellisme ». L'*Union* envoyait des émissaires répéter partout les accusations du *Times*. En même temps, on était inondé partout, notamment à Paris et à Rome, de brochures rouges ou jaunes qui dénonçaient aux gens de bien les périls que Parnell faisait courir à la juste Angleterre, à la liberté, à la religion. On rendait même Parnell responsable de choses où il n'était pour rien, notamment du *Plan de campagne*, conçu par MM. Dillon et O'Brien, encouragé par des évêques irlandais, et qui, dans la crise agraire et politique de l'Irlande, sous une législation coercitive, pouvait paraître de nature à fournir aux fermiers une arme extrême, mais légitime.

Tout cela aggravait singulièrement le « Plan de campagne » du *Times*. A Rome, on s'était déjà ému de la situation. L'Irlande avait naguère en témoignage de reconnaissance, ouvert une « souscription nationale » au profit de Parnell. Le pape fit savoir aux évêques irlandais le désir de voir le clergé renoncer à encourager cette manifestation. La souscription ne fut arrêtée néanmoins qu'après avoir atteint le chiffre de quarante mille livres sterlings, (un million). Un peu plus tard, la mission Persico était décidée et aboutissait à la condamnation du *Plan de campagne*, par une lettre du cardinal-secrétaire d'État à l'épiscopat irlandais. Cette condamnation n'atteignait point Parnell, qui, on le savait, avait décliné toute responsabilité à cet égard. Mais son influence n'en paraissait pas moins compromise. Et les *tories*, croyant enfin tenir leur adversaire, jugèrent le moment venu de renoncer à leur politique expectante. Un jour que, faisant face à leurs attaques renouvelées, Parnell renouvelait l'offre de soumettre les accusations et les preuves du *Times* à une commission de ses *pairs*, fussent-ils des ennemis politiques, le cabinet *tory* proposa la nomination d'une commission royale et spéciale.

Parnell accepta. Après une discussion laborieuse et que le cabinet dirigea à son gré, puisqu'il avait la majorité, la commission spéciale fut nommée. Parmi les amis de l'Irlande, on ne fut pas sans inquiétude sur l'issue du duel qui s'engageait, non pas seulement entre Parnell et le *Times*, mais encore entre Parnell et le gouvernement. Mais, parmi les ennemis du parti irlandais, ce fut une longue clameur. Parnell était enfin acculé à une commission anglaise, à des juges anglais. On allait le tenir à merci.

Parnell avait demandé que l'enquête et par suite la compétence de la « Commission royale » fussent limitées strictement à la question des fameuses lettres. La demande n'avait rien que de raisonnable. C'était le seul moyen d'empêcher que l'affaire ne dégénérât en procès de tendance et qu'on n'eût l'idée de faire juger la cause de l'Irlande par une cour de justice anglaise. Mais le gouvernement et sa majorité ne voulurent rien entendre. On ne croyait sans doute pas autant qu'on le disait à l'authenticité des lettres. Et si ce chef d'accusation, s'écroulait, on en trouverait d'autres. C'était toute l'agitation irlandaise qu'on ferait comparaître devant les juges royaux. Invincibles, dynamiteurs, auteurs de crimes agraires allaient être mis sur la sellette. Et on aurait du malheur si avec des témoignages achetés peut-être au fond d'une prison on ne pouvait pas faire retomber sur le parti national irlandais quelque chose de l'odieux de leurs exploits. Parnell avait accepté l'enquête. Il fallait qu'il la subît avec tous les résultats que le gouvernement en attendait.

Quand le cabinet Salisbury eut ainsi bien pris ses précautions, quand il eut dressé ce vaste piège à l'homme auquel peu d'années auparavant il avait offert une alliance politique contre M. Gladstone, quand le *Times* eut été flanqué comme avocat d'un membre du ministère, de l'*attorney general*, le duel s'engagea devant le tribunal que présidait le *lord justice* Hannen.

Jamais procès n'avait passionné à pareil degré l'opinion publique en Angleterre. Tous les journaux de Londres et des provinces britanniques, toutes les agences de nouvelles comptaient des représentants à la « Commission spéciale »; on était accablé de descriptions et de détails sur la physionomie des témoins, sur l'aspect de l'auditoire, sur le moindre incident d'audience. Naturellement tout Londres était là. Parnell, il n'y avait pas à dire, faisait le *maximum* de recette. Car c'était lui qui était le centre de tout cet empressement furieux, de toutes ces avides curiosités. Et on s'étonnait que l'homme qui préoccupait à ce point l'Angleterre, et dont journaux illustrés et feuilles de caricatures avaient à l'envi popularisé la fière mine, pût être alors de si mélancolique aspect. Mais on le disait atteint d'une gastrite, et après tout un homme qui sent sur lui la haine de toute une nation a bien le droit de maigrir.

D'ailleurs le chef du *Home Rule* n'était point livré sans défense et sans appui à la curiosité britannique. Des collègues, des amis se pressaient autour de lui, et le plus illustre d'entre eux était son défenseur, sir Charles Russell, le premier avocat d'Angleterre, quoiqu'il soit Irlandais. Et dans la partie la plus assidue de l'auditoire on se montrait tous les jours madame Gladstone prenant diligemment des notes pour son mari.

Quant aux ennemis de l'Irlande, ils considéraient déjà Parnell comme une proie promise à l'appétit du léopard anglais. La police avait l'œil sur lui, suivant ses moindres mouvements, prête à étendre sa lourde main à la première occasion. Une chose l'intriguait passionnément. C'était un petit sac noir que Parnell apportait régulièrement et ne quittait jamais. Que pouvait bien contenir ce précieux sac auquel le chef irlandais semblait tant tenir? Là était sans doute caché quelque terrible secret dont le gouvernement donnerait fort cher. Or, quand la police devient curieuse, elle trouve vite le moyen de satisfaire sa curiosité. Un beau jour le sac arriva au bureau central de la police à *Scotland Yard*. On y trouva une paire de chaussettes de rechange que Parnell apportait pour ne pas rester les pieds mouillés pendant les longues séances de la Commission.

Ce n'était qu'un petit secret d'hygiène contre l'humidité des rues de Londres.

Mais le public qui discutait avec fièvre sur les fameuses preuves que le *Times* avait promises, sur les témoins irrécusables qu'il devait produire au grand jour de l'audience, attendait d'autres émotions. Ce fut le digne Pigott qui apparut sur la scène. Nos contemporains n'ont sans doute pas oublié le nom de ce vil renégat, de cette manière d'agent provocateur qui avait déjà servi à force d'intransigeance la politique anglaise en Irlande et qui à point nommé s'était offert pour fournir à prix d'argent au *Times* les preuves calligraphiques de l'infamie de Parnell. Ce n'est point notre affaire de dire comment et pourquoi le *Times* avait pu consentir à être la dupe d'une aussi grossière mystification. Mais ce qui est sûr c'est que dans un terrible contre-interrogatoire l'avocat de Parnell ne fit qu'une bouchée du traître. — Le misérable, incapable de raconter une histoire qui eût ombre de vraisemblance, s'embrouilla, se coupa, s'effondra piteusement, disparut de la Cour, sous l'œil indulgent de la police, alla raconter ses petites affaires à l'avoué de Parnell, à M. Labouchère le député radical, et ne trouvant pas de ce côté-là beaucoup de consolations prit un bateau, passa la Manche, traversa la France, et alla se tuer en Espagne.

En face d'une telle catastrophe, le *Times* devait, croyait-on, s'effondrer comme son témoin. Mais ce journal est en Angleterre une véritable institution et ne se démonte pas pour si peu. Par la bouche de son avocat il exprima académiquement aux juges son regret d'avoir employé contre Parnell des pièces fournies par un faussaire. Le lendemain il renouvela dans ses colonnes l'expression solennelle de ses regrets. Mais en même temps il ajoutait qu'il continuait sa campagne contre Parnell et maintenait ses autres accusations.

C'était bien en effet sur cette seconde carte que comptaient le gouvernement et ses amis pour démolir le parnellisme. Et voilà pourquoi le procès — bien qu'ayant manqué par la base — continua. Je n'en rappellerai que deux souvenirs.

Le premier se rapporte au discours que prononça sir Charles Russell pour défendre sa patrie en même temps que son client. Ce discours qui dura trois séances causa en Angleterre une immense impression. Le grand avocat y faisait pour ainsi dire le procès du régime anglais en Irlande depuis la Réforme. Il montrait l'île sœur traitée pendant des siècles avec une partialité et une injustice sans exemple dans l'histoire. Il rappelait les terribles crises que l'Irlande avait traversées, les mécontentements qu'elle avait amassés, les revendications qu'elle avait à formuler, les phases de désespoir qu'elle avait connues; jamais elle n'avait obtenu que par la révolte ou la menace un acte de justice, une part de liberté. Et cela sous la domination d'un peuple qui avait la constitution la plus libérale du monde. Un homme, après O'Connell, avait paru qui voulait résolument reconquérir l'indépendance législative de l'Irlande. Il usait pour cela des garanties et des libertés que la Constitution du royaume reconnaissait aux citoyens. On lui avait répondu par des défis, par des persécutions, par des outrages, par des lois d'exception. Lui pourtant continuait à vouloir l'agitation constitutionnelle. Il avait eu le mérite de rendre à l'Irlande confiance dans sa cause, de l'unir tout entière sous le drapeau de la légalité. En lui c'était l'Irlande qui comparaissait devant la Commission royale; elle demandait justice contre la tyrannie légalisée et contre la calomnie publique.

Le second souvenir se rapporte à Parnell lui-même. Les avocats du *Times* avaient pénétré avec effraction pour ainsi dire dans sa correspondance privée. On avait exigé de lui qu'il communiquât jusqu'à ses carnets de correspondance et ses carnets de banque. Et il se prêta à l'enquête. Mais quand il demanda qu'on communiquât à son avocat les livres de « l'*Association loyale et patriotique de l'Union* » qui d'après lui devait être l'inspiratrice et peut-être le banquier du *Times*, il se heurta à une fin de non-recevoir. Il déclara alors que la Commission royale et spéciale « ne lui offrait plus aucun intérêt » et avec ses hommes de loi il se retira. La Commission n'en poursuivit pas moins ses travaux, écoutant des témoins, rédigeant des procès-verbaux et préparant son jugement.

Aussi il arriva que quand ce jugement, ce rapport de la Commission fut solennellement communiqué au Parlement, puis à la presse, il n'intéressa plus personne. En vain les feuilles ministérielles voulurent-elles faire vacarme au sujet de quelques passages du rapport qui constatait que l'ardente agitation irlandaise avait eu des épisodes déplorables et des côtés fâcheux. La véhémence de leurs réquisitoires n'échauffa point l'opinion. Et cela devait arriver. Comme l'avait dit Parnell, la cause de l'Irlande n'avait point à comparaître devant un tribunal anglais, et il fallait reconnaître qu'en Angleterre une agitation pareille à celle de l'île sœur eût donné lieu à des désordres, à des excès d'une bien autre gravité.

D'ailleurs c'était sur la question des lettres de Parnell, que l'opinion s'était émue, que des scènes outrageantes s'étaient déroulées au Parlement, que la Commission royale et spéciale avait été proposée et nommée. Du jour où il fut publiquement prouvé que le *Times* avait utilisé de fausses lettres pour dénoncer le chef du parti irlandais à la haine et au mépris de tous, et pour fournir au gouvernement une arme abominable contre la cause de l'Irlande, l'Angleterre sembla éprouver un généreux besoin de réparation. Pigott avait été démasqué en pleine audience de la Commission royale, et la scène s'était terminée par une chaude démonstration en l'honneur de Parnell. Mais ce triomphe n'était encore rien à côté de ce qui l'attendait à la Chambre des Communes. Quand il y reparut après la fameuse séance de la Commission, tous les Irlandais, tous les libéraux, les chefs en tête, se levèrent spontanément et éclatèrent en *hurrahs*, en applaudissements, lui faisant ainsi une ovation inouïe et splendide que les hommes les plus populaires de l'Angleterre ont rarement connue, que jamais Irlandais dans son rêve le plus fou n'aurait osé rêver.

Et cela s'adressait à un homme, qui, au lieu de sembler tirer quelque orgueil d'une pareille démonstration, avait tranquillement et modestement gagné sa place au milieu de ses amis. Du même air impassible et froid dont il avait jadis accueilli la persécution, l'outrage, la menace, il accueillait cette sympathie, ces frénétiques applaudissements.

Les Anglais se connaissent en énergie; ils furent étonnés de ce prodigieux empire sur soi-même. Un des ennemis de Parnell, un membre du ministère Salisbury, a proclamé un peu plus tard, quand il ne devait plus y avoir d'inconvénient à louer le champion de l'Irlande, que ce jour-là dans le vainqueur du

Times, il avait reconnu un vrai « conducteur d'hommes ».

L'accès d'enthousiasme de la Chambre des Communes avait gagné le pays libéral tout entier. La phrase dont la *Pall Mall Gazette* avait salué naguère la victoire de 85 parnellistes en Irlande : « M. Parnell est devenu le maître de l'Angleterre », semblait avoir prédit une vérité. Édimbourg lui offrait solennellement la « franchise » de la capitale de l'Écosse; partout les comités libéraux l'appelaient dans les provinces pour présider des *meetings*; partout il recevait les ovations les plus flatteuses.

Les grands cercles libéraux de Londres n'étaient pas restés en arrière. Pour fêter le chef irlandais, des banquets, des *meetings* eurent lieu au *National Liberal Club*, à l'*Eighty Club*, à *Saint James Hall*, à la *Grosvenor Gallery*. Et au milieu de ces réunions enthousiastes Parnell entouré des hommes d'État anglais les plus populaires, de M. Gladstone, de lord Spencer, de lord Ripon, de M. Morley, de lord Roseberry, était plus acclamé, plus applaudi qu'aucun d'entre eux.

Parnell alors fit proclamer que l'œuvre de

sa vie était accomplie, que la réconciliation était faite entre les nations d'Irlande et d'Angleterre, et que la cause du *Home Rule*, liée désormais à la fortune du parti libéral, était enfin gagnée.

En effet, l'alliance du parti irlandais et du parti libéral était publiquement scellée. M. Gladstone avait invité Parnell à sa résidence de famille d'Hawarden et là entre le roi sans couronne de l'Irlande et le célèbre chef du parti libéral, entouré de quelques-uns de ses lieutenants, les clauses définitives du futur *Bill* du *Home Rule* furent arrêtées et convenues.

N'oublions pas de signaler que les élections partielles continuaient à accuser le retour accentué de l'opinion vers M. Gladstone, vers la politique de justice et de réparation. Dans le pays tout entier les électeurs libéraux revenus de la panique « unioniste » se montraient de plus en plus décidés à voter pour « l'union des cœurs » contre « l'union de papier ». C'était ainsi que M. Gladstone appelait d'un mot heureux les tenants de l'acte frauduleux de l'année 1800. La victoire paraissait donc certaine. Mais c'était compter sans l'imprévu mystérieux qui depuis des siècles a si souvent, si cruellement déçu les plus belles espérances de l'Irlande. Parnell avait glorieusement triomphé de tous ses ennemis, de tous les ennemis de sa patrie. Il lui restait encore à triompher de lui-même et nous verrons ce triomphe manquer à sa gloire.

CHAPITRE VII.

Le ménage O'Shea. — Le candidat de Clare. — L'invitation. — Le changement de Parnell. — Premières rumeurs. — M. Chamberlain et le capitaine O'Shea. — Variations politiques de M. Chamberlain. — Une attestation de M. Stead. — Intérêt de Parnell pour M. O'Shea. — Un commencement de révolte. — Yago et Othello.

Le grand jour de la Cour des Divorces montra le couple O'Shea comme un ménage qui s'accommodait du régime de la séparation tempérée par des réunions provisoires et une correspondance un peu aigre.

Les O'Shea apparaissent dans l'histoire de Parnell en 1880. Aux élections générales de cette année, le capitaine O'Shea se présenta comme candidat catholique et gladstonien pour le comté de Clare, le comté que Daniel O'Connell avait immortalisé par la victoire de l'Emancipation. Qui avait bien pu conduire là le capitaine O'Shea? Nous ne savons. Le parti nationaliste était alors à court sinon de candidats, au moins de ressources pour les soutenir. Le capitaine était muni du nerf de la guerre; il était Irlandais, favorable aux revendications nationalistes. Il fut agréé et passa sans difficulté. A l'occasion de son élection, il se fit présenter à Parnell et quand les représentants de l'Irlande furent assemblés à Dublin pour élire le président du parti, le capitaine O'Shea se rangea du côté de Parnell contre M. Shaw.

Par sa résidence en Angleterre, par son genre de vie, par ses relations, par ses opinions peut-être, le capitaine O'Shea était plus fait pour être un député libéral anglais qu'un membre du parti nationaliste d'Irlande. Quand il parut au milieu de ses nouveaux collègues, il était pour eux un inconnu. Parnell ne le connaissait que de la veille.

Un peu plus tard, à Londres, le capitaine O'Shea invitait Parnell et quelques-uns de ses collègues irlandais à un déjeuner de famille dans un hôtel, en compagnie de sa femme et de sa belle-sœur madame Steele. Parnell, qui avait accepté, se dégagea au dernier moment par un télégramme. Une seconde invitation de madame Steele le décida. Mais il n'arriva pas en avance, car en ces matières il était, paraît-il, le moins exact des hommes. Les autres convives l'attendaient et ces dames avaient déjà plaisanté avec bonne humeur du retard du grand homme quand Parnell fut annoncé : « Voici le roi sans couronne qui vient », s'écria gaiement madame O'Shea.

Comme on le voit, le drame entrait avec gaieté dans la vie de l'homme qu'il devait si effroyablement briser.

Un an ou deux après, un grand changement se fit dans la vie de Parnell. Pour la société de Londres il avait toujours été une manière d'*outlaw*, de banni, digne de l'exécration des bons Anglais. De tous les hommes en vue deux seuls, le cardinal Manning et le député radical Labouchère, personnages si différents cependant par leur situation, leur caractère et leur genre d'influence, se faisaient honneur de témoigner en toute occasion de leur sympathie peu déguisée pour le chef et le représentant de la cause irlandaise. Un seul journal à Londres, la *Pall Mall Gazette*, parlait de lui avec justice, avec sympathie, et en raison de cette singularité on disait qu'il était devenu sous le manteau la propriété de Parnell. La chose m'a été certifiée à Paris par un éminent religieux anglais, qui avait le tort de prendre pour argent comptant les inventions des irlandophobes de Londres.

Mais à cette malveillance universelle, Parnell trouvait une ample compensation dans les joies de son patriotisme, dans l'amour de ses compatriotes, dans l'enthousiaste affection qu'il inspirait à sa phalange de fidèles. Car il faut reléguer aussi dans le domaine des inventions les histoires des journaux anglais qui le dépeignaient comme un chef hautain à l'endroit de ses collègues et qui le montraient un jour répondant à un membre de son parti assez osé pour l'appeler familièrement par son nom : « Dites monsieur Parnell, s'il vous plaît ». En fait, ses collègues trouvaient en lui le plus simple et le plus cordial des amis, un compagnon d'armes qui était heureux de les réunir, de les consulter, de causer avec eux de leurs communes joies et de leurs communes tristesses.

On juge de leur étonnement et de leur douleur quand un beau jour ils le virent rompre avec les vieilles habitudes et s'entourer même à leur égard du mystère le plus extraordinaire. Lui qui avait été un modèle d'assiduité aux séances du Parlement, devint d'une extrême irrégularité. Il paraissait au moment où on s'y attendait le moins, disparaissait de même sans laisser de traces. En même temps sa santé s'altérait profondément. On parla d'une gastrite chronique. Sa figure gardait son masque de résolution et d'impassibilité. Mais alors que jadis derrière ce masque les amis sentaient le calme intérieur, la force joyeuse, l'enthousiasme contenu, ils sentaient désormais, on ne sait quelles luttes inavouées dont le poids l'écrasait. Il eut des distractions bientôt célèbres à la Chambre des Communes. Elles l'égarèrent une fois dans une réplique bizarre et inexplicable à une attaque du gouvernement. D'autres fois elles l'entraînaient au Restaurant du Parlement jusque dans les bras d'un *tory* suffoqué du voisinage.

On lui connut au milieu de ses fidèles des fatigues subites, des regards pleins d'une indicible angoisse et qui semblaient mesurer quelque invisible abîme. Ce fut à la fin d'une de ces rencontres intimes et devenues rares de la phalange irlandaise avec son chef, qu'on vit le rude Biggar sortir pour pleurer à son aise.

Un jour, de la bouche du secrétaire de l'Intérieur, c'était sous le ministère Gladstone, tomba à l'adresse du parti irlandais une allusion blessante aux mystérieuses absences de son chef.

Un autre jour parut dans un journal de Londres un paragraphe d'allure équivoque. La voie s'ouvrait chaude aux limiers qui se seraient mis en chasse s'ils n'avaient été détournés par d'autres *hallalis* et si... le chef de meute n'avait fait défaut.

On se trouvait alors au temps héroïque des luttes de la phalange parnelliste contre M. Gladstone, au lendemain du crime de Phœnix Park, de l'emprisonnement de Kilmainham, à la veille de la culbute du cabinet libéral, de l'avènement de lord Salisbury, des négociations de lord Carnarvon.

Il est certain que le capitaine O'Shea, et son inséparable ami M. Chamberlain, un des chefs du parti radical anglais, jouèrent un rôle décisif dans les négociations qui amenèrent la réconciliation de M. Gladstone avec le prisonnier de Kilmainham, la libération de Parnell et la nomination de lord Frederick Cavendish comme secrétaire en chef d'Irlande. Le crime des Invincibles, on s'en souvient, fit rompre le traité de paix. Gladstone reprit les hostilités qui se terminèrent par son renversement et la rentrée au pouvoir de lord Salisbury appuyé sur les parnellistes. Puis Parnell refusa de sacrifier le *Home Rule* à l'alliance avec les *tories*, les élections générales eurent lieu et le chef irlandais retourna à Westminster à la tête d'un parti de 86 membres.

M. Gladstone ayant capitulé, et son fameux *Home Rule Bill* ayant été déposé à la Chambre des Communes, le schisme « unioniste » coupa le parti libéral en deux. M. Chamberlain se déclara comme un des chefs les plus fougueux, les plus violents de ce schisme qui fit sombrer le cabinet Gladstone. Et on n'est pas obligé de croire que les principes et le patriotisme aient été les seuls mobiles de ce curieux changement d'attitude. Sans doute M. Chamberlain n'a pas invoqué d'autres raisons. Mais encore une fois on n'est pas obligé de le croire. Personne dans le parti libéral n'avait été plus loin que lui dans la défense du programme irlandais. Personne n'avait été peut-être autant que lui dans la confiance des députés d'Irlande. Et tout le monde en Angleterre se rappelle la terrible scène de la Chambre des Communes où Parnell, outrageusement provoqué par le député radical de Birmingham, riposta par une attaque véhémente. Il le montrait entre autres choses trahissant naguère au profit de Parnell le secret des délibérations du cabinet Gladstone, car, à une époque, M. Chamberlain eut l'ambition d'être pour le parti libéral l'*alter ego* de M. Gladstone, et la question irlandaise lui avait alors paru sans doute un bon levier.

En tout cas M. Chamberlain connaissait de longue date le programme du *Home Rule*. Et il aurait attendu le BILL de M. Gladstone pour découvrir que le *Home Rule* était une réforme alarmante pour le patriotisme anglais!

Non certes; l'indignation tardive et bruyante de M. Chamberlain ne nous a jamais semblé qu'un prétexte honnête inventé pour recouvrir des sentiments qu'on ne pouvait avouer. Mais là-dessus on ne peut faire que des conjectures. Et il est difficile de savoir si c'est à cause de M. Gladstone que M. Chamberlain s'est tourné contre M. Parnell ou si c'est à cause de M. Parnell que M. Chamberlain abandonna M. Gladstone.

Ce qu'il y a de sûr c'est que le député radical de Birmingham, transformé en chef de « l'unionisme », est devenu une des colonnes du parti *tory*. Lord Salisbury lui a confié une mission diplomatique aux États-Unis. S'il y avait tenu, on lui aurait sans doute donné un portefeuille comme à M. Goschen, autre libéral « unioniste » qui est aujourd'hui encore chancelier de l'Échiquier du ministère tory. L'ambition de M. Chamberlain s'est réservée. Elle se contente pour aujourd'hui du rôle de chef du groupe *unioniste* à la Chambre des Communes.

On doit donc dire de M. Chamberlain ce qu'Antoine dit de Brutus dans la pièce de Shakespeare :

Still Brutus is an honourable man [1].

Mais cela n'empêche pas de constater que dans l'histoire du parti irlandais et de M. Parnell, M. Chamberlain a joué deux rôles bien différents. Au premier acte M. Chamberlain est libéral *Home Rule* et gladstonien. Plus *home ruler* certes que Gladstone, car alors que celui-

1. Cependant Brutus est un homme honorable.

ci jette M. Parnell dans la prison de Kilmainham, M. Chamberlain au sein même du cabinet libéral dont il fait partie, proteste contre cette politique d'exaspération. Bras dessus bras dessous avec son ami O'Shea, il fait tant et si bien que, par l'intermédiaire du capitaine ou même de madame O'Shea, des négociations s'engagent entre le prisonnier de Kilmainham et M. Gladstone. Les négociations aboutissent heureusement. Parnell sort de sa prison; le pacte de Kilmainham est conclu.

Entre le premier acte et le second quelques intermèdes se passent où le rôle de M. Chamberlain ne paraît pas bien marquant; c'est l'offensive reprise par M. Gladstone contre Parnell à la suite du crime de Phœnix Park; c'est le renversement du cabinet libéral; c'est la victoire électorale de Parnell aux élections de 1885. La toile alors se lève sur le second acte. M. Gladstone, converti par la victoire parnelliste, apparaît sur la scène avec son projet de *Home Rule*. M. Chamberlain se montre aussitôt tout autre et se révèle *unioniste* enragé. Parnell ne lui inspire plus que la défiance et l'aversion. Le *Home Rule* inquiète énormément son patriotisme. Il est toujours prêt d'ailleurs à jouer du capitaine O'Shea, devenu lui aussi un instrument des manœuvres du *Times*, un ennemi de Parnell et un ennemi acharné ; car devant la Commission royale et spéciale il n'hésitera pas à certifier que les fausses lettres sont vraies et qu'elles portent bien la signature de son ancien ami.

Mais le complot du *Times* tombe à plat. Parnell sort de l'épreuve grandi par les indignités dont il a été victime. Son prestige paraît inattaquable ; son triomphe, le triomphe du *Home Rule*, semble assuré. Alors éclate la nouvelle du procès en divorce.

La nouvelle ne dut pas surprendre énormément le monde politique de Londres. La diplomatie de Parlement et de salon exploitait depuis longtemps contre Parnell ses relations avec la famille O'Shea. Quand, il y a deux ou trois ans, M. Stead, le directeur fameux de la *Pall Mall Gazette* qui dirige aujourd'hui la *Revue des Revues*, alla à Rome, une des premières choses qu'on lui demanda portait justement sur ce côté de la vie de Parnell. M. Stead répondit que sur ce chapitre il était renseigné de bonne source puisqu'il tenait ses informations du capitaine O'Shea lui-même. Il avait reçu en 1885 la visite du capitaine aux bureaux de la *Pall Mall Gazette*, et M. O'Shea lui avait assuré qu'il n'y avait rien de fondé dans les histoires qui couraient sur le compte de Parnell. Il faut dire qu'à ce moment-là le capitaine O'Shea n'avait pas à se plaindre de Parnell. On était en la fameuse année des élections générales de 1885, bientôt suivies des élections de 1886 où l'unionisme fit sombrer le *bill* de *Home Rule* de M. Gladstone. Et dans les deux crises Parnell témoigna pour le capitaine O'Shea d'un intérêt extraordinaire. Le capitaine O'Shea, libéral gladstonien, fut présenté par lui aux électeurs irlandais de Liverpool, bien qu'en 1885 il eût donné partout comme mot d'ordre aux Irlandais de voter partout contre les candidats libéraux. Le capitaine O'Shea fut battu ; mais en 1886 Parnell le désignait comme son candidat aux électeurs de Galway que l'option de M. O'Connor pour le siège de Liverpool laissait sans représentant. L'affaire ne marcha point toute seule. Plusieurs des lieutenants de Parnell, ceux-là précisément qui pendant ses absences avaient porté le poids du jour et la chaleur du combat, essayèrent ardemment de se mettre en travers de la combinaison. Des protestations véhémentes se produisirent; des conciliabules passionnés eurent lieu. Un vrai candidat nationaliste fut trouvé. Rien ne put ébranler Parnell. Et ses lieutenants reculèrent devant la responsabilité de provoquer un schisme dans le parti ou de diminuer le prestige de l'homme qui aux yeux de tous incarnait la cause nationale. Parnell triompha donc avec son candidat. Mais dans le chef qui avait ainsi imposé durement sa loi à ses compagnons d'armes, à ses amis frémissants sous le frein, il y avait l'homme qui, ému de cette pénible victoire, jura que jamais plus il ne jouerait pareille partie. Hélas ! qui a bu à la coupe d'orgueil y voudra boire encore. Et cette partie-là Parnell finira par la jouer dans des conditions plus désastreuses, dans des conditions désespérées.

Car c'était l'avertissement de l'amitié, du dévouement, du patriotisme que Parnell avait entendu à Galway. En cherchant à séparer Parnell de son capitaine O'Shea, c'était l'Irlande qu'on voulait servir, c'était Parnell qu'on devait par là protéger contre lui-même. On croyait obéir à de légitimes répugnances et on obéissait à un pressentiment instinctif.

On ne pensait pas d'ailleurs demander un grand sacrifice à Parnell en lui demandant de sacrifier à l'Irlande un homme pour lequel, en dehors des combinaisons électorales, il manifestait une froideur voisine de l'antipathie.

Quant à M. O'Shea, je ne me charge nullement de porter un jugement définitif sur son compte; car il faudrait pour cela lui sonder le cœur et les reins, ou connaître à fond tout le secret de son histoire et de son rôle. Mais ce qu'on sait de l'homme ne donne pas de lui une haute idée. Il est certain qu'il a été longtemps un des membres les plus coquettement habillés de la Chambre des Communes et qu'il a non moins coquettement habillé sa cause devant la justice anglaise. Mais il est sûr aussi qu'il aurait bien fait de ne pas faire marcher de front ses « variations de ménage » et ses « variations politiques ». En Irlande l'opinion ne lui a pas été clémente. Notre affaire à nous n'est pas de juger mais de raconter autant qu'on peut la raconter une histoire pleine d'impénétrables dessous. Et ce n'est pas notre faute si, pour clore le duel engagé entre Parnell et les *unionistes* anglais, le capitaine O'Shea n'apparaît, au dénouement, dans son rôle d'Othello de procédure qu'après avoir échoué dans le rôle d'Yago politique.

L'histoire s'arrêtera indécise devant cette étrange figure de politicien subalterne dont on a mieux connu les amitiés et les antipathies que les opinions. On comprendra bien qu'il ait détesté Parnell ; on comprendra moins qu'il l'ait détesté si tard ; on sera obligé de constater que le règlement de ses longues difficultés domestiques a mieux servi la politique unioniste que les fausses lettres du *Times* certifiées conformes par le capitaine. Et ceux qui aiment les conclusions claires seront embarrassés non de la morale, mais de son défenseur.

CHAPITRE VIII.

Assurance de Parnell et de ses amis. — L'Irlande en sécurité. — Révélations du procès. — Le jugement par défaut. — Consternation des Irlandais. — Cris de victoire de la presse anglaise. — Réaction en Irlande. — Tactique de Parnell et de ses amis. — L'assemblée de Leinster-Hall. — La rentrée. — La lettre de M. Gladstone. — La réponse de Parnell. — Stupeur de ses partisans. — Attitude de Parnell. — Sa déposition. — La lettre,

La nouvelle du procès en divorce n'avait point troublé sérieusement les amis de l'Irlande et de Parnell. On sortait à peine des séances émouvantes de la Commission spéciale du *Times*. On y avait vu le digne Pigott démasqué à la grande confusion des *Unionistes* et du capitaine O'Shea. On se disait : « C'est une nouvelle machine de guerre. Elle ratera comme l'autre ». La tranquillité de Parnell ne contribuait pas peu à augmenter cette confiance. Il continuait à jouir des résultats de sa victoire sur le *Times*, à accueillir des adresses de félicitations, à haranguer des *meetings* enthousiastes, à affirmer son étroite entente avec les chefs du parti libéral anglais. Ses amis allaient disant que le capitaine O'Shea ferait une piteuse figure à la Cour des Divorces, que Parnell avait des armes terribles pour l'écraser. A des amis d'Irlande qui s'inquiétaient du procès Parnell avait prodigué les affirmations rassurantes. Tous les journaux irlandais avaient même publié une phrase d'une lettre où, répondant à un ami influent, il disait « qu'il ne sortirait de ce procès rien qui pût faire saigner le cœur de l'Irlande ». Comment n'aurait-on pas cru qu'en cette circonstance, comme dans l'affaire des fausses lettres, Parnell était victime d'un odieux complot?

Le jour du procès arriva. Le capitaine O'Shea apparut seul sur le champ de bataille escorté de ses témoins, toute la domesticité de la villa d'Eltham. Les faits de la cause furent exposés. Et comme il fallait s'y attendre il y en eut de misérables et de grotesques. Les ennemis de Parnell tirèrent grand parti surtout d'une histoire d'échelle d'incendie sur laquelle on montrait le chef du parti irlandais se livrant à une haute école de gymnastique. Le pire était que ces histoires ne pouvaient rencontrer la moindre contradiction. Madame O'Shea faisait défaut devant le tribunal. Parnell aussi. Cela naturellement équivalait à un aveu. La Cour rendit son jugement au profit du capitaine O'Shea. La presse anglaise poussa une longue clameur de triomphe. L'homme qui avait défié le gouvernement anglais, les juges anglais, les prisons anglaises, qui avait échappé à la Commission spéciale du *Times* et au soulèvement de l'opinion britannique, succombait piteusement dans une querelle intime avec un de ses anciens partisans. Tout de suite on décréta contre lui la mort politique; on déclara qu'en Parnell le parti irlandais était décapité, la cause de l'Irlande compromise, sinon perdue.

Le dénouement du procès avait causé en Irlande une profonde consternation. Les attaques véhémentes et brutales des journalistes et des politiciens anglais produisirent une sorte de réaction immédiate. On voulut peut-être espérer contre toute espérance une impossible justification. On hésita très certainement à faire le jeu de l'ennemi et à jeter précipitamment à la mer l'homme qui avait rendu tant et de si grands services et en qui l'Irlande avait mis sa confiance et son orgueil. On vit toute la phalange irlandaise, par un mouvement bien explicable dans une armée en campagne, se serrer autour du chef qui l'avait si souvent conduite à la victoire. En un mot l'Irlande comprit très bien que le vrai crime de Parnell n'était pas d'avoir subi et perdu son triste procès, mais d'avoir gagné presque entièrement celui de la patrie. Et à l'Angleterre qui lui disait qu'elle n'avait plus de chef, elle répondit par une protestation de reconnaissance et de fidélité envers celui qu'on condamnait en son nom.

Parnell ne sentit point ce qu'il y avait de douleur au fond de cet héroïque élan d'affection de ses compatriotes. Ce fut une grande faute. Il allait bientôt en commettre une plus grande encore.

Le clergé irlandais, affligé et consterné du coup inattendu qui frappait la cause nationale dans son chef, gardait encore le silence. Quelques journaux nationalistes voulurent profiter de ce silence pour prouver que l'Irlande n'avait pas à s'occuper du rôle joué par Parnell devant la Cour des Divorces et qu'elle lui devait plus que jamais l'obéissance et l'admiration. Cette manière de poser la question devait soulever des protestations. Elle en souleva. Mais les journaux et les amis de Parnell allèrent plus loin. Ils rappelèrent aux Anglais qu'ils glorifiaient la mémoire de Nelson malgré l'histoire de lady Hamilton. Ils dirent aux Irlandais que l'Irlande avait à s'inquiéter de la politique de Parnell, non de sa morale et de sa religion. Cette rhétorique désespérée ne trompait personne sur l'inévitable diminution qu'avait subie le chef populaire. Cependant elle faisait illusion à Parnell et à ses amis.

Pour protester contre les attaques de la presse anglaise la phalange parlementaire irlandaise s'était assemblée à Dublin, au Leinster Hall, dès l'origine de la crise. Elle avait tenu à donner au chef si violemment attaqué un témoignage de reconnaissance et d'affection qui lui permettait d'opérer une belle retraite. Parnell et ses amis ne l'entendirent point ainsi. Le langage des journaux aidant, ils crurent qu'ils avaient victoire gagnée. Ils ne sentirent pas que du moment où ils voulaient, pour étayer une thèse impossible, transformer en certificat de complaisance pour le présent et l'avenir, un témoignage d'affection et de gratitude qui s'adressait au passé, ils blessaient profondément la conscience de l'Irlande. Ils ne comprirent pas que, s'il était facile aux Irlandais de dédaigner les outrages et les menaces des journaux *tories*, il leur était difficile de traiter de même sorte les avis du parti libéral anglais, de ces alliés de la veille que Parnell lui-même avait gagnés à la cause nationale et en qui il voyait, avait-il dit lui-même, la plus sûre espérance du *Home Rule*. C'était sur ce terrain que l'inévitable crise devait éclater et qu'elle éclata.

Les vacances parlementaires avaient pris fin. On était arrivé à l'époque de la rentrée des Chambres. Selon l'usage, Parnell, par une circulaire que publièrent tous les journaux, invitait les membres du parti irlandais à assister autant que possible à l'ouverture de la session. Il signait la circulaire comme Président du parti irlandais, notifiant ainsi à l'Angleterre et à l'Irlande qu'il ne tenait aucun compte du bruit fait autour de son affaire, qu'il entendait rester à son poste et qu'on devait s'en arranger.

Sans doute le langage de quelques journaux d'Irlande avait fait prévoir cette attitude lorsque l'organe du parti *tory* avait dit en substance : « Le *Home Rule* est fini ». Les Irlandais avaient un chef que les Anglais pouvaient ne pas aimer, mais qui était un homme remarquable, un homme d'État avec lequel on pouvait gouverner. Et cet homme est mort à la vie politique et la cause de son pays est morte avec lui ». Alors au nom de la presse irlandaise le journal le plus influent de Dublin avait répondu : « C'est à l'Irlande qu'il appartient de choisir le chef du parti irlandais, non à l'Angleterre ; nous sommes arrivés à une crise où il ne peut y avoir ni hésitation ni changement de chef. L'Irlande ne songe pas à déposer Parnell ! ».

Cependant ce pouvait être là le langage de partisans échauffés. Parnell restait libre après cela de juger par lui-même la situation, de consulter l'intérêt de la cause, et de prendre un parti. La circulaire qu'il adressait à ses partisans montrait assez qu'il ne voulait point s'en aller.

Or les alliés libéraux de l'Irlande comptaient sur autre chose. Et les journaux de Londres publièrent immédiatement la lettre de M. Gladstone à M. Morley ; cette lettre fut le point de départ de la crise. Elle constitue donc un document d'importance, et à ce titre le lecteur ne sera pas fâché de la trouver ici :

1, Carlton Gardens, 24 novembre.

Mon cher Morley,

Étant arrivé à certaine conclusion relative à la continuation, en ce moment, de la direction du parti irlandais par M. Parnell, j'ai vu M. Mac Carthy à mon arrivée en ville et lui ai demandé si je pouvais encore espérer recevoir de M. Parnell lui-même quelque communication à ce sujet. M. Mac Carthy me répondit qu'il était incapable de me renseigner. Je lui fis observer qu'après les terribles meurtres de Phénix Park, en 1882, M. Parnell, bien que n'ayant à assumer aucune responsabilité, m'avait fait spontanément une offre de prendre les « *Chiltern hundreds* » [1], offre tout à son honneur, mais que je pensai de mon devoir de décliner.

Tout en espérant une communication de M. Parnell adressée à n'importe qui, je jugeai né-

1. *Chiltern hundreds.* — Nom d'une charge honorifique que les membres de la Chambre des Communes sollicitent du SPEAKER quand ils veulent donner leur démission. Demander l'intendance des CHILTERN HUNDREDS, c'est créer la vacance du siége qu'on représente.

cessaire, en vue des arrangements pour le commencement de la nouvelle session, de faire connaître à M. Mac Carthy les conclusions auxquelles j'étais arrivé moi-même après avoir usé de tous les moyens d'observation et de réflexion en mon pouvoir. C'était que, malgré les splendides services rendus par M. Parnell à son pays, la continuation de sa direction produirait, dans l'état actuel, des conséquences désastreuses au plus haut degré pour la cause de l'Irlande.

J'espère que vous accepterez d'expliquer la conclusion ci-dessus exprimée. Ajoutez que cette continuation dont je parle placerait non seulement un grand nombre d'amis de la cause irlandaise dans un grand embarras, mais frapperait d'une nullité complète mon maintien à la direction du parti libéral, basé principalement sur l'intérêt de la cause irlandaise.

Je priai M. Mac Carthy de regarder cette explication comme confidentielle s'il pensait que M. Parnell avait l'intention d'une action spontanée. Mais je le priai de faire connaître mes conclusions au parti irlandais, au cours de la réunion de demain, s'il se trouvait que M. Parnell n'eût aucune intention de la nature indiquée.

Je vous écris maintenant pour le cas où M. Mac Carthy ne pourrait communiquer avec M. Parnell. Il paraît que vous pourriez avoir une entrevue avec lui. Si tel est le cas, veuillez lui donner vous-même connaissance de la conclusion en question.

J'ai préféré la rédiger en termes simples et directs, bien que j'eusse désiré, s'il avait été en mon pouvoir, adoucir la nature pénible de la situation, en ce qui concerne la manière de communiquer ce que mon devoir public m'a fait une obligation de dire.

Je m'en rapporte entièrement à vos bons sentiments, à votre tact et à votre jugement.

Votre, etc.

W.-E. GLADSTONE.

On peut relire cette lettre avec attention, on n'y trouvera rien qui sente l'adversaire politique. Une phrase même laisse clairement entrevoir que l'effacement de Parnell est considéré comme une nécessité de circonstance, et que, grâce à l'éclat de ses services, il peut tout attendre de l'avenir.

Une chose était profondément regrettable, c'était la soudaine et tapageuse publication du document. Mais le texte même disait que M. Gladstone n'avait nullement désiré cette publicité. On sait d'ailleurs que l'indiscrétion fut commise par un subalterne dénué de tact ; enfin on a appris depuis que Parnell était au courant des intentions de M. Gladstone, qu'il était décidé à n'en tenir aucun compte et que par suite il avait éludé toute communication à cet égard.

En tout cas deux voies étaient ouvertes à Parnell après cette mise en demeure devenue publique. — Il pouvait signifier à M. Gladstone qu'il ne croyait pas avoir démérité de l'Irlande, qu'il comptait rester à son poste et qu'il saurait forcer les partis anglais à compter avec lui, ou bien — il pouvait s'incliner devant l'orage et se retirer sous sa tente. L'Irlande certainement serait allée l'y chercher tôt ou tard.

Ces deux voies, Parnell pouvait les suivre sans même quitter l'attitude orgueilleuse et défiante à laquelle il se croyait des droits.

Hors de là une seule voie lui restait. Pour la suivre il fallait humilier et attrister ses amis, ses compagnons d'armes, outrager ses alliés nécessaires de la veille et du lendemain. En outre elle aboutissait à un mur infranchissable que Parnell se croyait de force à renverser et contre lequel tout le monde voyait qu'il allait se casser la tête.

S'engager dans un pareil chemin était insensé et fou. Parnell s'y engagea. Le manifeste par lequel il répondit à M. Gladstone fut une longue injure. Il dévoila tous les secrets des ouvertures qui lui avaient été faites par le chef du parti libéral, et ces révélations pouvaient faire terriblement le jeu du parti tory contre l'Irlande. Il mit surtout en cause l'honnêteté du libéralisme anglais, et déclara que jamais ni pour le présent ni pour l'avenir il n'aurait confiance dans les intentions de M. Gladstone.

Cela ressemblait si peu à sa politique d'avant le procès, à ses déclarations solennelles sur l'étroite alliance conclue entre l'Irlande et le parti libéral anglais que de New-York et de Dublin partit un long cri de stupeur.

Le parti irlandais était alors représenté en Amérique par cinq délégués que Parnell lui-même avait envoyés aux États-Unis pour y recueillir des fonds au profit de la caisse nationale. Parmi eux figuraient MM. William O'Brien et John Dillon; on les savait tous deux passionnément dévoués à l'Irlande, passionnément attachés à Parnell. Au lendemain du procès, au milieu des dénonciations véhémentes de la presse de Londres, ils avaient télégraphié à leurs collègues assemblés à *Leinster-Hall* : « Nous ne voulons pas d'autre chef que Parnell ! » La publication de la lettre de M. Gladstone les avait indignés comme un acte intolérable d'intrusion. Parnell d'ailleurs leur télégraphiait : « Attendez mon manifeste ». Ils attendirent le manifeste. Ce fut sur ce document qu'ils prirent parti pour l'Irlande, pour le *Home Rule,* contre le chef égaré, qu'ils se rangèrent avec la majorité de leurs collègues contre Parnell.

En Irlande aussi une voix puissante avait retenti. C'était celle du plus intrépide, du plus populaire des prélats irlandais, de Monseigneur Croke, l'archevêque de Cashel. Jadis elle avait, aux plus mauvais jours, encouragé, approuvé, soutenu le champion protestant de la catholique Irlande. Maintenant elle disait : « J'en suis affligé pour Parnell, mais il faut qu'il s'en aille ».

Parnell cependant suivait sans fléchir la voie où il s'était engagé. Le parti irlandais s'était réuni en assemblée extra-parlementaire pour aviser à la situation ; c'était lui, qui avec un superbe dédain de l'étiquette, présidait ces réunions où il s'agissait de discuter si oui ou non il devait rester à la tête du parti. Et naturellement il dirigeait ces débats si pénibles pour ses collègues comme il l'entendait; on le voyait louvoyer, ruser pour écarter la question principale. Il envoyait des délégations à M. Gladstone, disant qu'il était prêt à quitter la direction de son parti si le chef libéral anglais voulait lui donner d'avance par écrit les principales clauses du futur *Bill* de *Home Rule*. Et jadis il avait lui-même attaqué M. Chamberlain lorsque cet ennemi de l'Irlande sommait M. Gladstone de livrer son plan de *Home Rule* pour mieux ameuter l'opinion à son endroit !

Parnell n'obtint d'ailleurs rien de plus que M. Chamberlain. De nouveau M. Gladstone refusa d'ouvrir n'importe quelle négociation avec des délégués de Parnell. Mais, personnellement et par l'intermédiaire de ses lieutenants, il déclara qu'il voulait sincèrement la réconciliation de l'Irlande et de l'Angleterre, et que par conséquent son projet de *Home Rule* donnerait satisfaction aux Irlandais. Plus de dix fois depuis lors ses lieutenants et lui ont en public pris le même engagement. Je n'ai pas à répondre de leur sincérité. Je suis cependant obligé de constater que jusqu'à son procès Parnell ne demandait rien de plus.

Au bout de cette tactique il fallut bien en venir à la question personnelle. Parnell l'écarta résolument, au moyen de mille artifices de procédure; une notable partie de ses collègues se retirèrent dans une autre salle du Parlement, prononcèrent sa déposition de la Présidence et à la place nommèrent M. Justin Mac Carthy. Trente trois membres du parti irlandais restèrent attachés à sa fortune.

Parnell déclara que là était le vrai parti national, le seul qui pût promettre à l'Irlande le triomphe du *Home Rule*. Les autres, ses amis, ses lieutenants, ses frères d'armes de la veille, ne furent plus que des sécessionnistes, des « rebelles », des traîtres, des instruments dociles de la politique anglaise. Il avait reconnu à la majorité de ses collègues le droit de lui décerner la Présidence. Il ne leur reconnaissait pas le droit de la lui enlever. Et résolument il transporta la guerre en Irlande, terrain obligé de cette lutte fratricide.

CHAPITRE IX.

Vigoureuse entrée en campagne. — Main mise sur la presse. — Le *Freeman's Journal* et l'*United Ireland*. — Sir John Pope Hennessy. — Élection de Kilkenny. — Les négociations de Boulogne. — Échec de M. O'Brien. — M. John Dillon. — Création de la *National Press*. — M. Tim-Healy. — Nouvelles élections. — Le mariage de Parnell. — Ses voyages en Irlande. — Sa surhumaine activité. — La lame use le fourreau. — Mort de Parnell.

Parnell n'était point homme à faire les choses à moitié. Il entra donc vigoureusement en campagne. Ses lieutenants, ses amis de la veille ne furent plus que des hommes sans courage, sans loyauté, sans désintéressement. Il les traita comme des pantins dont M. Gladstone tenait le fil, comme des traîtres qui avaient livré la cause nationale aux politiciens anglais. Le clergé catholique qui l'avait si longtemps héroïquement soutenu au milieu de ses luttes, ne fut plus à ses yeux que le principal obstacle au triomphe de la cause nationale, à cause de ses ambitions dominatrices. Comme à ses collègues naguère, Parnell lui reconnaissait le droit de le soutenir, non celui de le combattre.

Une grande force lui restait, la presse, et il savait s'en servir. Le *Freeman's Journal*, le grand journal nationaliste où il avait su conquérir les principales influences, lui était tout dévoué. Et chaque matin, ce journal dont le tirage quotidien dépassait celui de toutes les autres feuilles d'Irlande, dont l'édition hebdomadaire se répandait dans les campagnes à près de 80,000 exemplaires, publiait des accusations enflammées contre les mauvais Irlandais coupables de sacrifier la cause de Parnell et la cause de la patrie à l'alliance perfide d'un parti anglais.

Une seule feuille aurait pu lutter contre l'influence du *Freeman's Journal*. C'était l'*United Ireland*, journal hebdomadaire dont William O'Brien avait fait l'organe le plus ardent, le plus populaire de la ligue agraire et du mouvement nationaliste. O'Brien était en Amérique. Celui qui en son absence le remplaçait pour la direction et la rédaction en chef du journal, avait pris nettement position comme la majorité du parti irlandais contre Parnell. Or l'*United Ireland* était l'organe de la Ligue Nationale qui était constituée en association civile dont Parnell était le Président légal. Un procès lui aurait rendu la direction du journal ; mais cela eût été long. Mieux valait une prise de possession, quitte à faire ensuite rectifier la situation par voie de justice. Parnell combina donc contre le journal « rebelle » une expédition à main armée. Accompagné d'un groupe déterminé de partisans, il envahit les bureaux de l'*United Ireland*, fit jeter dehors le fondé de pouvoirs de M. O'Brien, et par la force installa à la rédaction et à l'imprimerie un personnel à sa dévotion. Néanmoins, il conserva dans la manchette du journal le nom d'O'Brien comme directeur en titre, et O'Brien sommé de désavouer l'attitude de *son* journal, hésita devant une rupture nouvelle. Il était consterné du caractère de violence que prenait la lutte. D'ailleurs Parnell espérait le reconquérir, et M. O'Brien, de son côté, ne désespérait pas de convaincre Parnell de la nécessité d'un accommodement dans son intérêt, dans l'intérêt surtout de l'Irlande. Sur ces entrefaites arriva l'élection de Kilkenny.

La vacance de ce siège irlandais s'était produite avant la crise. Et comme candidat nationaliste, Parnell avait désigné sir John Pope Hennessy. Sir John était le représentant d'une espèce politique disparue. Il avait été autrefois député d'Irlande comme *home ruler* en politique irlandaise et *tory* en politique anglaise. Je crois que les évènements et la direction de lord Salisbury ont tué pour toujours cette école-là. Mais sous lord Beasconfield elle avait fait une certaine figure au Parlement. Sir John d'ailleurs, du temps même de lord Disraëli qui faisait grand cas du député irlandais, avait quitté la politique pour les grands postes de l'administration coloniale. Il avait déjà gouverné avec succès d'importantes colonies, quand, chargé du gouvernement de l'Ile Maurice, l'ancienne colonie française, il eut le bonheur ou le malheur d'y devenir très populaire, d'y mécontenter vivement la clique protestante et anglaise, et d'être dénoncé par le *Times* à la vindicte du peuple anglais et des ministres de Londres. Le *Times* n'était en cette affaire que l'instrument d'une cabale montée à Maurice par Clifford Lloyd, un magistrat anglo-irlandais, qui avait au temps de la coercition joué en Irlande un rôle impossible, et que pour cette raison le cabinet Salisbury avait pourvu d'un poste bien rétribué dans la lointaine colonie de Français. Clifford Lloyd et le *Times* gagnèrent la première manche. Une commission fut envoyée à Maurice. Conduite par Sir Hercules Robinson, gouverneur protestant du Cap de Bonne-Espérance, elle se poursuivit avec une partialité qui révolta les Mauriciens et se termina par la condamnation de sir John Pope Hennessy. Le gouverneur de Maurice rappelé en Angleterre s'embarqua au milieu de mille manifestations touchantes de ses administrés, alla plaider sa cause devant le conseil privé de la reine, la gagna aisément en prouvant la fausseté des accusations du *Times* et retourna finir « son temps » à Maurice non sans intenter un gros procès à ce journal.

Comme pour Parnell, le *Times* capitula à la

dernière heure, et pour éviter une condamnation certaine paya de lourds dommages-intérêts accompagnés d'une rétractation publique. Mais cette histoire avait donné à sir John Pope Hennessy une véritable célébrité. Ce fut donc une joie en Irlande, quand on apprit que Parnell l'avait choisi pour le siège vacant de Kilkenny. Sir John était un administrateur remarquable, un orateur distingué, un bon Irlandais fièrement attaché à sa foi catholique, passionnément dévoué à la cause de son pays. Il constituait pour l'état-major parnelliste une précieuse acquisition.

Mais on pense bien qu'un tel homme ne pouvait pas suivre Parnell dans sa révolte. Sir John se déclara sans hésiter pour la majorité nationaliste, pour l'Irlande contre le chef égaré. Parnell qui l'avait désigné aux électeurs de Kilkenny lui opposa tout de suite un autre candidat.

Cette élection de Kilkenny était la première bataille électorale que livrait Parnell depuis sa déposition. Il avait annoncé partout, et ses journaux répétaient tous les jours que les électeurs d'Irlande lui donneraient raison contre les « rebelles », contre Gladstone, contre la politique anglaise. Il conduisit lui-même les opérations avec une extrême vigueur. C'est dire que la bataille fut chaude. Il y eut des bagarres électorales et dans l'une d'elles, Parnell reçut au visage, de la main d'une femme du peuple, dit-on, une poignée de chaux vive qui lui endommagea un œil et le força à porter un bandeau jusqu'au jour du scrutin.

Ces efforts désespérés aboutirent à une défaite écrasante. Soutenu par le clergé, par la majorité nationaliste, sir John Pope Hennessy triompha du candidat parnelliste avec une majorité des deux tiers des voix environ. C'était pour le « roi sans couronne », l'ouverture de la série de revers qu'il allait invariablement subir jusqu'à sa mort. Mais sir John dont la victoire attestait la légitime révolte de l'Irlande devait être plus tragiquement encore associé à la destinée de son célèbre adversaire. Quelques mois plus tard, à quelques heures de la mort de Parnell, il mourait des suites d'une attaque d'*influenza*. En lui l'Irlande perdit un noble serviteur dont elle était en droit d'attendre de loyaux services.

Parnell, lui, était loin de songer à la grande faucheuse des ambitions humaines qui l'avait déjà marqué au front, ou du moins, s'il y songeait, c'était sans doute pour en congédier fiévreusement la prophétique et importune vision. Lui qu'on avait connu avant la crise parlant sans cesse de sa santé ébranlée, de ses mauvais pressentiments, il ne parlait plus que de ses nerfs d'acier, que de sa vigueur, que de la pauvre condition de ses adversaires. On trouve une curieuse preuve de cet état d'esprit dans le compte rendu des réunions du parti irlandais qui précédèrent la déposition. Un de ses collègues répondant à des parnellistes fervents qui venaient de dire que la cause irlandaise ne pouvait se passer de Parnell, fit remarquer qu'après tout, il pouvait mourir. « Mais, s'écria froidement Parnell lui-même, je n'ai pas l'intention de mourir ».

Non certes il n'avait pas l'intention de mourir. Et comme un somnambule qui même sur la crête d'un toit marche vers le but que fixent ses yeux sans regard, il cheminait à travers les obstacles et les avertissements vers le but qu'il s'était marqué, et où lui seul pouvait voir amis et ennemis résignés à l'impuissance, à la soumission.

William O'Brien revenait d'Amérique avec

l'espoir qu'il pourrait encore trouver un terrain de conciliation, d'accommodement entre Parnell et ses anciens amis. Pas plus que John Dillon, resté aux États-Unis, il ne voulait débarquer en Angleterre où tous les deux avaient droit à six mois de prison, en vertu d'un jugement rendu contre eux à Limerick par les magistrats de la coercition. Il avait donné rendez-vous à Parnell à Boulogne-sur-Mer et Parnell avait accepté. Cependant la retraite de Parnell était le premier point du programme, et Parnell l'admettait en théorie pour discuter le reste. Mais ce reste importait peu à Parnell. Son unique ambition, on le vit bien, était de reconquérir William O'Brien et John Dillon qui avaient été ses lieutenants les plus populaires et dont il avait éprouvé l'ardent attachement. Bientôt en effet Dillon aussi fut mandé à Boulogne. De longues négociations eurent lieu. Parnell étudia gravement toutes les propositions qu'on lui soumit. Au fond, pour lui il n'y en avait qu'une, celle qui concernait sa retraite, et là-dessus O'Brien et Dillon durent constater qu'ils n'avaient rien obtenu. Parnell n'exigeait rien moins que l'impossible condition de forcer M. Gladstone à lui soumettre d'avance son futur projet de *Home Rule*. Ils étaient donc ramenés au point de départ de la crise. Et de son côté Parnell avait pu constater chez ses anciens lieutenants la conviction douloureusement, mais clairement exprimée, que son maintien à la direction du parti irlandais était pour le moment incompatible avec l'intérêt de la cause nationale. Ce fut lui d'ailleurs qui leur signifia la rupture des négociations par une lettre publique où il disait à M. O'Brien qu'il lui savait gré de sa tentative de conciliation, qu'il jugeait néanmoins le moment venu de reprendre sa liberté et qu'il était déterminé à continuer le combat.

Découragés de leur échec, désespérés d'avoir à choisir entre la cause nationale et leur ancien chef, consternés enfin de la lutte douloureuse où ils étaient malgré eux rejetés, O'Brien et Dillon annoncèrent qu'ils prenaient le parti de se réfugier dans la prison à laquelle les juges de M. Balfour les avaient condamnés. Ils s'embarquèrent pour Londres et furent arrêtés en mettant les pieds sur le sol anglais. La police les conduisit en Irlande où elle ferma sur eux pour des mois les portes de leur prison.

Quand ils furent rendus à la liberté, ils purent voir la résistance à laquelle Parnell avait condamné son parti admirablement organisée. Leurs collègues n'avaient point désespéré de leur pays, de leur cause, de l'avenir. Sentant l'Irlande derrière eux, ils avaient marché et elle les avait suivis.

La grosse affaire avait été de fonder un journal pour lutter contre le grand journal quotidien le *Freeman's journal*, qui faisait ardemment campagne pour Parnell. En peu de semaines un gros capital d'environ 60,000 livres sterlings (1,500,000 francs) fut souscrit en Irlande, un personnel recruté, le nouvel organe de la cause nationale lancé. L'archevêque de Dublin, Mgr Walsh, qui, avec le populaire archevêque de Cashel, Mgr Croke, avait aux mauvais jours, pendant et après le règne de Parnell, partagé l'honneur de guider l'épiscopat irlandais dans le grand mouvement national du *Home Rule*, vint bénir le superbe établissement du nouveau journal. Et c'est ainsi que parut la *National Press* qui entama résolument et ardemment la lutte contre les journaux de Parnell.

Ce fut une rude bataille dont les amis de l'Irlande pouvaient suivre les phases avec un douloureux intérêt. Pour mon compte, je tâchais de n'en laisser échapper aucun incident. Plus d'une fois il m'a semblé voir la pauvre Irlande pleurer de douleur au milieu des acharnements polémiques. Le drapeau de Parnell était devenu trop difficile à défendre pour que ses champions pussent sortir d'embarras sans prodiguer contre les adversaires de révoltantes et absurdes accusations. C'était du côté où allaient mes sympathies avec ma raison que j'aurais voulu plus de mesure dans l'attaque comme dans la défense, plus d'éloignement pour les cruautés inutiles. Mais quand on est loin du champ de bataille et à l'abri des coups, il est facile d'avoir du tact, de la mesure, de la modération. Et peut-être on prêcherait fort mal d'exemple si on était jeté dans la mêlée.

Le *Freeman's Journal* avait pour lui sa situation acquise, sa richesse, le souvenir des grands services rendus par Parnell. Il se déclarait prêt à tous les sacrifices pour maintenir sa supériorité. Et le fait est qu'on le vit bientôt organiser des trains spéciaux pour gagner de vitesse son jeune rival dans les principaux centres « nationalistes » du pays. Mais la *National Press* n'avait pas été une entreprise industrielle ou politique, mais l'expression d'un état d'esprit qui voulait contre Parnell garder l'œuvre de l'Irlande et de Parnell [1]. Et deux ou trois hommes avaient joué dans son histoire un rôle prépondérant. C'étaient M. Mac Carthy, M. Sexton, M. Timothée Healy.

M. Mac Carthy, vice-président du parti irlandais, avait été porté à la Présidence par la majorité le jour même où elle déposa Parnell. C'était un écrivain de renom, même en Angleterre, un orateur de mérite. Le cardinal Manning, ce grand ami de l'Irlande, faisait beaucoup de cas de son caractère et de son talent. Et on le savait fort incapable de prêter son nom à une intrigue suspecte.

Parnell lui en voulut naturellement d'avoir osé accepter sa succession et lui décocha publiquement force épithètes enflammées, force brocards. Il le compara plus d'une fois « à un vieux *gentleman* aimable, mieux fait pour pré-

1. Le *Freeman's Journal* s'est rendu compte de la situation. Il a fusionné avec la *National Press*, a vu remonter son tirage, et est redevenu le premier journal de l'Irlande. Pour essayer de lutter contre lui les parnellistes ont fondé l'*Indépendant*.

sider une *tea party* que pour diriger un parti politique ». C'est l'honneur de M. Mac Carthy qu'il ne voulut point suivre Parnell sur ce terrain. Son attitude et son langage ont toujours été, depuis la malheureuse crise, d'une parfaite mesure, d'une grave dignité.

M. Thomas Sexton est un des premiers, sinon le premier orateur de la Chambre des Communes. Il a de la passion, de la verve, une grande connaissance des affaires, une langue admirable qui a su conquérir les juges les plus prévenus. Il a été lord-maire de Dublin, et on y garde avec reconnaissance le souvenir de son administration. Il est député de Belfast, la capitale de l'orangisme, où sa candidature a fait brèche au profit de l'idée nationaliste, et où il s'est solidement établi dans sa circonscription [1]. Nul membre de la phalange de Parnell n'a grandi plus régulièrement, plus visiblement que lui. Il arriverait un jour au premier rang que je n'en serais pas surpris. J'ajoute que M. Sexton est catholique comme

1. A la suite de l'agitation fanatique que le cabinet Salisbury a déchaînée dans Belfast, pour écarter le *Home Rule*, M. Sexton vient de perdre son siège. L'Irlande lui en donnera un autre.

tous les principaux lieutenants de Parnell, comme M. Mac Carthy, comme M. Davitt, comme M. O'Brien, comme M. Dillon, comme M. Timothée Healy.

M. Timothée Healy était particulièrement la bête noire de Parnell, dont les partisans « quand même » le poursuivent encore d'une animosité excessive. Personne pourtant ne fut plus passionnément attaché que lui à Parnell ; mais personne aussi n'a plus vigoureusement pris parti contre l'ancien chef lors de son « déraillement ». M. Healy manie également bien la parole et la plume. C'est un orateur à la fois malicieux et éloquent, un écrivain à la plume mordante et incisive. Il a contre Parnell prononcé des discours et écrit des articles qui ont soulevé bien des colères. Aussi les parnellistes lui prêtent toutes sortes de calculs indignes et d'ambitions inavouables. Mais rien dans la conduite de Timothée Healy, de *Tim* comme on dit familièrement en Irlande, ne justifie les accusations de ses adversaires. Et s'il soulève des inimitiés ardentes, il compte aussi de chauds admirateurs et des amitiés passionnées.

Voilà les hommes dont le patronage, l'in

fluence et les services ont assuré à la *National Press* une rapide popularité et ont guidé l'Irlande au milieu de la crise du parnellisme. Il faut cependant mettre aussi à côté d'eux Michel Davitt, qui, sans être député, joue et tient en Irlande une grande place, et puis William O'Brien et John Dillon qui, à leur sortie de prison, ont repris leur poste au premier rang de l'état-major nationaliste. Contre cette union de talents et de dévouements, les folles dénonciations de Parnell devaient échouer et échouèrent. Le peuple d'Irlande ne put admettre que du jour au lendemain ses représentants les plus distingués, les plus populaires, fussent devenus des hommes capables de trahir bassement le chef qu'ils avaient longtemps et joyeusement suivi contre le monde entier, la cause qu'ils avaient ardemment servie. Ce n'était plus selon le mot fameux un seul « cheval » qui bronchait mais toute « l'écurie » ou du moins ce qu'elle contenait de mieux.

Et les électeurs « bronchèrent » aussi avec un ensemble qui n'aurait dû laisser à Parnell aucune illusion. La sévère leçon de Kilkenny recommença aux deux ou trois élections partielles qui suivirent, notamment à celle de Carlow. Là pourtant on était pour ainsi dire dans une forteresse du parnellisme. Le chef d'hier y comptait encore de nombreux et ardents partisans. En outre, le parti *tory* y était assez fort et disposait d'un millier de votes. Et son jeu qu'il ne cachait guère était de favoriser Parnell pour empêcher le rétablissement de l'unité dans le parti nationaliste irlandais. Cependant Parnell et son candidat furent battus à Carlow par une énorme majorité : 3000 voix environ contre 1500.

Un autre eût été démoralisé, mais ce diable d'homme semblait de plus en plus grisé par les amertumes mêmes et les fièvres de sa lutte désespérée. Il allait comme dans un rêve, outrageant et menaçant ses adversaires, annonçant la victoire au milieu de ses défaites, et proclamant que lui seul avait le droit de parler au nom de l'Irlande. Entre temps, il avait voulu légaliser son roman de la Cour des Divorces. Il avait conduit madame O'Shea devant un *Registrar*, puis devant un clergyman de bonne composition, et avec elle il s'était établi à Brighton. La solution n'était pas irréprochable au point de vue protestant, puisque, d'après la fameuse conférence des docteurs de l'anglicanisme connue sous le nom de conférence de Lambeth, il n'est pas permis à l'époux adultère de se remarier. Au point de vue de l'Irlande, elle constituait une aggravation du cas de Parnell, puisqu'elle l'enchaînait dans sa révolte contre la morale chrétienne.

Mais cela n'était apparemment qu'un détail insignifiant pour le pauvre grand homme. La merveilleuse clarté de son esprit l'avait abandonné. Il ne jugeait plus sainement les hommes et les choses. Il n'avait plus devant lui que des fondrières; et il n'en manquait aucune.

Une chose pourtant ne l'avait pas abandonné, c'était son inconcevable énergie, sa prodigieuse et surhumaine activité. Chaque semaine, en général le samedi, il s'échappait d'Angleterre, arrivait à Kingstown en Irlande par le bateau de Holyhead, traversait Dublin et faisait en Irlande une tournée oratoire; puis, le lundi, repartait pour Brighton ou pour Londres. En temps d'élection il renouvelait ce tour de force plus d'une fois par semaine; ses partisans organisaient des démonstrations à Dublin ou dans les provinces, et régulièrement, à l'heure dite, il apparaissait toujours prêt à prononcer des harangues enflammées contre les libéraux, contre Gladstone, contre « les rebelles » qui l'avaient livré au « loup anglais », et qui voulaient « l'enterrer avant sa mort ». Une constitution de géant n'eût pas suffi à ce métier, et Parnell avait beau se vanter de ses nerfs d'acier, il n'était pas de force à le mener longtemps. La lame usait le fourreau. Car l'activité physique dont il faisait preuve n'était rien encore auprès du feu intérieur dont il brûlait visiblement et qui dévorait sa vie. Le malheureux croyait lutter contre le « loup anglais », contre l'Irlande ingrate, contre sa phalange débandée. Et c'était contre lui-même, contre sa conscience en révolte, contre le rêve de sa vie brisée, contre mille funèbres pressentiments qu'il était entré en lutte. Mille drames affreux se battaient dans son cœur, usant ses forces et bouleversant sa raison.

La dernière fois qu'il parut en public, ce fut à Creggs, dans le comté de Roscommon, où il était allé haranguer un meeting de ses partisans. Il n'était plus que l'ombre de lui-même. Le teint marmoréen, mais vigoureux, qu'il avait jadis, avait pris des nuances de parchemin. Il souffrait d'une crise de rhumatisme et portait un bras en écharpe. On était en octobre ;

il faisait une de ces journées pluvieuses et froides, si grises et si tristes dans les pays du Nord. Un homme en bonne santé n'eût pas voulu profiter d'une telle occasion pour prendre part à des manifestations politiques et débiter des discours en plein vent. Mais Parnell ne voulait pas perdre sa journée, et tout le temps il resta exposé à l'humidité et au froid. Quelqu'un lui reprocha son imprudence. « Bon, dit Parnell, si je n'étais pas venu, mes ennemis auraient annoncé que je me reconnaissais battu ». Et la journée finie, il repartit en promettant de revenir le samedi suivant.

L'Irlande ne devait plus revoir Parnell en vie. Il était déjà souffrant et fatigué quand, après avoir traversé Dublin sans s'arrêter, il prit à Kingstown le bateau d'Holyhead. En arrivant chez lui, il fut obligé de s'aliter. Une congestion pulmonaire se déclara. Quelques jours après, le 6 octobre, pendant que, par une affreuse tempête, la pluie et le vent battaient les fenêtres de son cottage de Brighton, il expirait. Quelles pensées l'ont assailli à ses derniers moments dont il voulait toujours écarter la vision. Nous ne savons. Ceux qui possèdent le secret de ses dernières luttes contre la mort l'ont bien gardé. Cependant il a eu la force de murmurer à un de ceux qui le soignaient : « Dites à mes amis d'Irlande le grand amour que je leur porte ». *Tell my Irish friends of the great love Ibear them.*

CHAPITRE X.

Impression causée par la mort de Parnell. — L'Irlande derrière son cercueil. — Les caractéristiques de Parnell. — Sa religion. — Ses habitudes. — Son caractère. — Le jugement de la presse anglaise. — Le parnellisme sans Parnell.

La nouvelle de la mort de Parnell qu'on ne savait même pas malade causa dans toute l'Angleterre une véritable stupéfaction. En Irlande la tragique dépêche produisit une véritable explosion de douleur, de regret, de réelle et inexprimable amertume. Je ne parle pas ici des amis, des partisans du chef déposé qui l'avaient suivi dans sa révolte et pour qui ce trépas tragique était un irréparable désastre; je parle de la nation elle-même à qui ces neuf mois d'égarement et de luttes douloureuses ne pouvaient faire perdre le souvenir des services rendus, de la confiance et de l'amour d'autrefois. On n'avait pas voulu, malgré tout, croire que la chute était sans remède. On avait espéré un impossible retour. On était consterné de cette fin lamentable.

Des écrivains qui n'aimaient point Parnell reprochent volontiers à l'Irlande de l'avoir abandonné. Et ils ajoutent que c'est assez son habitude de « lapider » tôt ou tard les chefs qu'elle a suivis avec enthousiasme. Historiquement la querelle est injuste comme une querelle d'allemand. Nul peuple plus que le peuple irlandais n'a le culte des souvenirs, la reconnaissance ardente du moindre service rendu, de la moindre parole de sympathie qu'elle a entendue dans ses deuils. Il y a dans l'immense cimetière de son histoire plus d'un monument dont elle pourrait négliger l'entretien sans manquer à aucun devoir de gratitude. Mais lancé à propos de Parnell, le reproche est deux fois injuste. Nul homme n'a été sur la terre plus aimé, plus fidèlement suivi et obéi par tout un peuple que ne l'a été Parnell, dans cette longue guerre du *Home Rule*. Quand il s'est égaré, l'Irlande l'a rappelé et attendu. C'est lui qui n'a pas voulu revenir ou qui du moins a mis à son retour d'inacceptables conditions. Mais elle ne croyait point la séparation accomplie pour toujours. On l'a bien vu aux funérailles splendides et attendries qu'elle lui a faites quand la mort est venue briser l'espoir de sa reconnaissance et de son affection. Un triomphateur, un grand conquérant pourrait envier la grande et universelle manifestation de deuil à laquelle les obsèques de Parnell donnèrent lieu en Irlande. En vain un groupe de partisans et d'amis plus attachés à l'homme qu'à son œuvre voulut accaparer pour lui cette explosion de douleur. La nation qui avait franchi toutes les barrières pour marcher derrière un cercueil, les repassa sans hésiter pour rejoindre le drapeau cher et sacré.

Ce n'est pas l'heure de juger l'œuvre de Parnell. Elle est trop près de nous; elle a soulevé des controverses, des passions, des rancunes dont nous entendons encore les échos et qui peuvent troubler la sérénité de l'historien.

Mais je crois que cette œuvre a été bonne, et qu'elle est restée bonne quand son principal ouvrier lui a manqué. Elle a uni l'Irlande de l'ancien et du nouveau Monde dans un vaste et pacifique mouvement où la justice et la religion, au milieu des lâchetés contemporaines, ont retrempé leur vieille alliance. Elle a connu de mauvais jours, elle a eu ses erreurs et ses fautes. On ne trouverait cependant pas dans l'histoire, celle de l'Irlande à part, un autre exemple d'une agitation nationale aussi légitime, aussi ardente, aussi unanime et cependant aussi pacifique.

Je ne suis pas tenté de suivre l'exemple des parnellistes quand même, et de méconnaître la part qui revient à l'Irlande, au patriotisme et à la constance de ses fils, au dévouement de son clergé, à la patience et au bon sens de tout son peuple, dans l'admirable organisation de ce mouvement national. Mais l'homme qui, après avoir créé cette vaste agitation, l'a soutenue et guidée avec une prudence et une habileté consommées, n'était pas un homme ordinaire.

Non certes, Parnell n'avait rien d'un homme ordinaire.

Sa grande force a été une surhumaine énergie, que tempérait un rare coup d'œil politique et un admirable sang-froid.

On se demande comment cet homme à apparence flegmatique, dédaigneux de l'esprit, de toute recherche et de tout effet oratoire, a pu charmer et entraîner le peuple d'Irlande qui, en commun avec les races celtiques, possède naturellement le don et l'amour du beau langage, de la grâce et de l'esprit. C'est que chez Parnell la froideur et le calme n'étaient qu'à la surface. Sous cette neige, pareille à celle qui recouvre les volcans du Nord, le feu couvait, un feu ardent et inextinguible, dont amis et ennemis purent entrevoir à certains jours la sauvage puissance. La Chambre des Communes ne s'y trompa point longtemps. Elle se rendit bientôt compte de la valeur de l'homme qui était parvenu à lui imposer l'attention et l'inquiétude avant de lui imposer le respect. Et quand Parnell se levait elle faisait silence comme pour un premier ministre ou pour le chef de l'opposition.

Né et élevé dans la religion protestante, Parnell y est mort non sans avoir traversé vers la trentième année une « crise de foi ». Le doute contemporain avait déteint sur lui. C'était l'Ancien Testament qui lui semblait incon ciliable avec la raison. Mais ce ne fut qu'une crise. Il en revint, et ses amis l'ont entendu dire plus d'une fois qu'il voulait vivre et mourir dans la religion de ses pères.

Au premier abord, cette fidélité à la religion protestante qui joua un rôle si odieux dans l'histoire de sa patrie paraît jurer avec l'intensité de son patriotisme. Je ne me charge pas de combler cette lacune de logique. Cependant je dois dire qu'en Irlande le protestantisme individuel a souvent corrigé ou adouci les conséquences du régime monstrueux imposé au pays par le protestantisme politique. A la veille des convulsions de la fin du siècle dernier, c'était un protestant, Wolfe Tone, (celui qui, pris sur le *Hoche* sous l'uniforme français, paya sa rébellion de sa vie,) qu'on avait choisi comme secrétaire des « Irlandais Unis ». Et depuis les luttes de l'indépendance, des protestants ont en grand nombre été au premier rang parmi les champions et les défenseurs des libertés catholiques d'Irlande. Trois générations de Parnell ont parlé ou écrit en faveur de l'Émancipation. Rappelons enfin qu'O'Connell ouvrit toutes grandes les portes de sa glorieuse « association catholique » aux protestants d'Irlande qui y firent en vérité bonne figure.

Il n'y avait donc pas incompatibilité absolue entre le protestantisme de Parnell et le rôle que lui avait confié son pays. On sait du reste qu'il ne manqua pas à la mission qu'il avait demandée et obtenue.

Tant qu'il fut investi de cette mission sacrée, la Chambre des Communes le vit toujours sur la brèche pour la défense intrépide des droits et des libertés de l'Église catholique en Irlande. Nul n'a plus fièrement, que ce gentilhomme protestant, porté et soutenu à Westminster les vigoureuses revendications de l'épiscopat irlandais en faveur de l'enseignement catholique.

J'avouerai que j'avais parfois rêvé pour Parnell la belle aventure d'un député influent d'Irlande, mort aujourd'hui, et que j'ai un peu connu, il y a longtemps. Ce député qui était protestant et qui, il faut le dire, avait épousé une catholique, parlait un jour devant une nombreuse assemblée de ses électeurs. Une digression historique ou une interruption peut-être, je ne sais plus au juste, l'amena sur le terrain religieux, et il dit alors l'admiration et le respect que lui inspirait la religion nationale de l'Irlande. Un auditeur, avec ce goût de l'à-propos qui caractérise l'Irlandais, profita de l'occasion pour lui demander de conclure. Le député ne conclut point et parla d'autre chose. Mais il faut croire que la réflexion donna du poids à cette parole d'électeur lancée au hasard et dite certainement avec affection, car, peu de temps après, l'Irlande apprenait que le député avait « conclu » et était redevenu fils de saint Patrice, jusqu'à « la messe » inclusivement.

Malheureusement, si je pouvais rêver pour Parnell d'une pareille aventure, je dois ajouter que rien dans son caractère ne me faisait croire à ce dénouement. De son éducation anglaise il avait rejeté l'empreinte politique, mais gardé l'empreinte religieuse. On devinait en lui, à travers des détails de conduite qu'il serait difficile de préciser, l'homme un peu raidi dans la formule orgueilleuse du libre examen. Mais cela n'apparut entièrement que quand vint la crise décisive. Un mouvement de simplicité et de confiance eût touché l'Irlande et réservé l'avenir. C'est un accès de colère et d'orgueil qui a perdu Parnell.

Hors de la vie publique, Parnell était d'humeur accommodante et bienveillante. On savait sa grande générosité. Il avait une extrême simplicité de manières, une aversion insurmontable pour l'apparat, la représentation, les longs discours. L'atmosphère de la Chambre des Communes lui pesait. Ce fut toujours pour lui une épreuve de prendre la parole. Et pour l'y décider, à la fin surtout, il ne fallait rien moins que l'intérêt de la chère cause, ou un accès d'indignation. C'était alors qu'il parlait le mieux, avec une rage froide et une émotion concentrée qui faisaient merveille. La fameuse réplique à M. Chamberlain est célèbre dans les annales de Westminster.

De tous les hommages qu'avait mérités Parnell, les plus éclatants, à bien y regarder, lui ont été rendus par l'Angleterre. Quand le parti libéral anglais capitula devant lui, pour lui offrir une alliance publique, irrévocable, et pour inscrire le *Home Rule* en tête de son programme électoral, ce fut le plus grand hommage que la politique anglaise eût encore rendu à un Irlandais. Le parti *tory* qui s'en indigna ne devait pas tarder à inventer une forme particulière d'hommage pour Parnell. Dès que le chef irlandais fut déposé, on lut dans les journaux *tories* que Parnell était un homme d'État remarquable avec qui l'Angleterre pouvait s'entendre, mais qu'il ne laissait pas de successeur et que le *Home Rule* était mort de la mort politique de son grand champion. C'était sous une autre forme le cri échappé au *Solicitor General* du cabinet Salisbury, sir A. Clarke : « celui-là du moins était un conducteur d'hommes ». Parnell était fini. On pouvait le grandir impunément aux dépens de sa cause et de son œuvre. En Angleterre, un grand Irlandais « ne sent bon » qu'après sa mort.

Il est d'ailleurs certain que Parnell n'a pas laissé de successeur. Mais il a laissé un héritage, le *Home Rule*, et une héritière, l'Irlande elle-même qui, après avoir défendu cet héritage contre la subite folie du testateur, saura le défendre contre les intrus. Le parnellisme sans Parnell est désormais une révolte sans chef, sans but et sans lendemain. L'Irlande n'est point un Empire d'Alexandre que des lieutenants puissent avoir l'ambition de partager entre eux. Elle a besoin d'union et de concorde. Elle a montré, au milieu de la crise où on avait prédit que sa cause périrait, qu'elle était capable d'imposer sa volonté. Et elle nous paraît de force à remettre de l'ordre dans sa maison.

FIN

INDEX ALPHABÉTIQUE

DES NOMS CITÉS.

W

Y

FIN DE L'INDEX ALPHABÉTIQUE

TABLE DES MATIÈRES

FIN DE LA TABLE DES MATIÈRES

Imprimerie Générale de Châtillon-sur-Seine. — PICHAT ET PEPIN.

www.ingramcontent.com/pod-product-compliance
Ingram Content Group UK Ltd.
Pitfield, Milton Keynes, MK11 3LW, UK
UKHW021042200726
13857UKWH00003B/767